No hay problema con los programas eclesiásticos, pero la gente crece mejor, emocional y espiritualmente, en el contexto de las relaciones. El libro de Bill Mowry, *Los caminos del acompañante,* aborda tanto las conversaciones como el contexto relacional que mejor facilitan el crecimiento espiritual y transforman a las personas a la imagen de Jesucristo.

KEN BAUGH
Fundador, the Institute for Discipleship Training (el Instituto para la formación de discípulos), Laguna Niguel, California

El método de «hazlo y ya» ha penetrado mucha de la enseñanza cristiana sobre el discipulado. Aun así, a pesar de toda la predicación apasionada, muchos creyentes batallan en silencio con su propia incapacidad de aplicar las enseñanzas de Jesús a su vida.

Bill Mowry provee el ingrediente vital que a menudo se omite: el papel del «acompañante» y el claro camino a seguir con esa persona. Ya sea que apenas esté comenzando su camino con Jesús o que haya seguido a Jesús por décadas, este manual práctico le ofrece la oportunidad de integrarse en el camino transformador como discípulo de Jesús.

TIM DAY
Autor de *God Enters Stage Left* (Dios entra al escenario por la izquierda), director de City Movement Canada (Movimiento para la ciudad en Canadá)

Recomendamos *Los caminos del acompañante* para cualquier iglesia que tome en serio la misión de hacer discípulos. Nuestra experiencia ha sido emocionante. Usamos estos principios bíblicos para preparar a los que están dispuestos a invertir su vida en hacer discípulos. ¡Dios nos ha dado discípulos que maduran y está haciendo que nuestra iglesia crezca!

RICHARD Y LINDA REITER
Pastores de Vineyard Christian Church

Los caminos del acompañante ha tenido un impacto profundo en nuestra iglesia. Ha provisto una guía muy sencilla y práctica que le da a la persona laica cristiana común todas las herramientas que necesita para llegar a ser hacedora de discípulos. *Todos* nuestros pastores, ancianos, personal de la iglesia y personal de la escuela cristiana han pasado por él. Ha llegado a ser un elemento esencial de nuestra iglesia.

RICK SOWINSKI
Coordinador de discipulado, East Richland Evangelical Friends Church, St. Clairsville, Ohio

Los caminos del acompañante es una herramienta accesible y holística que he usado como recurso clave para desarrollar discípulos. En tanto que se basa en las Escrituras y refuerza la verdad fundamental de que el discipulado está arraigado en nuestra relación con Dios, va aún más allá, dando técnicas prácticas e ideas para desarrollar relaciones. Lo he usado con un grupo pequeño y he ayudado a pastores a guiar a sus equipos de liderazgo a través de él, y será un paso clave en el nuevo camino de discipulado en mi iglesia.

JEN HOWAT

Pastor de asimilación, discipulado y formación espiritual, First Presbyterian Church de Edmond, Oklahoma

Dios está usando *Los caminos del acompañante* para transformar la cultura de nuestra iglesia. Ha cambiado mi percepción de cómo hacer discípulos. El cambio no solo ha sido en mí; gente que nunca pensó poder discipular a alguien en realidad queda equipada para hacerlo con este libro.

DAN HARRISON

Pastor principal, Springbrook Community Church

Es sorprendente cómo en la iglesia podemos complicar ideas tan sencillas y orgánicas. La belleza de *Los caminos del acompañante* es que nos recuerda la sencillez del concepto de acompañar a la gente, amándola, animándola y ayudándola a crecer en Cristo. Es un gran recordatorio de que esto no es un llamado para unos cuantos elegidos, sino, más bien, algo que todos podemos hacer. Pasar juntos por este libro como personal de Young Life fue una gran bendición.

RANDY NICKEL

Desarrollador regional, Young Life, Escocia

Mi trayectoria hacia el discipulado ha estado llena de altibajos. *Los caminos del acompañante* de Bill Mowry se ha convertido en mi bastón confiable a lo largo de este camino. Ser acompañante es una comida especial entre amigos cercanos que se reúnen alrededor de una mesa. La comunión es la relación. La comida es la Palabra de Dios. Y *Los caminos del acompañante* es la bandeja. Ha abierto mis ojos a las alegrías de la trayectoria del discipulado con mis amigos cercanos alrededor de la Palabra de Dios.

REV. DR. SCOTT M. NESS

Pastor asociado, St. John's Lutheran Church, Grove City, Ohio

Los caminos del acompañante es un recurso clave para nuestra iglesia conforme desarrollamos una cultura de discipulado. Lo que lo hace tan único y útil es que se enfoca en equipar al lector con las destrezas y herramientas esenciales que se necesitan para hacer otros discípulos intencionadamente. *Los caminos del acompañante* es el recurso fundamental de nuestra iglesia para levantar hacedores competentes de discípulos.

DR. RICK BREUSCH
Pastor principal, Karl Road Baptist Church, Columbus, Ohio

Hacer discípulos no tiene que ser complicado. Este recurso me recuerda que hacer discípulos simplemente implica acompañar a otras personas, donde sea que se encuentren en su trayectoria espiritual, y ayudarlas a llegar a ser más semejantes a Cristo. *Los caminos del acompañante* tanto inspira como provee las herramientas necesarias para ser efectivos en hacer discípulos. Este es el recurso para hacer discípulos que siempre elijo para ayudar a pastores y personas laicas.

STEVE SMITH
Pastor asociado, Linworth Baptist Church, Columbus, Ohio

Los caminos del acompañante es una parte integral de nuestro proceso para desarrollar culturas intencionadas en hacer discípulos. Este libro de ejercicios reúne destrezas claves para el discipulado a nivel personal. Combina la visión, la intencionalidad y el modo con las Escrituras para ayudarle a equiparse, autoevaluarse y motivarse para hacer discípulos. Cuando se practican en comunidad y con rendición de cuentas, estos conceptos comprobados por el tiempo son transformadores, ayudándole a practicar muy naturalmente los caminos de Dios y de la iglesia primitiva para cumplir la gran comisión.

ROY Y MARGARET FITZWATER
Directores nacionales de Navigator Church Ministries

Los caminos del acompañante es fundamental en nuestra iniciativa de mentoreo para toda nuestra iglesia. El material es excelente ya que provee un mecanismo para que los hombres desarrollen conexiones, compartan en el discipulado y aprendan a multiplicarse y a impactar la vida de los que los rodean. Nos encanta cómo lleva a los hombres a la Biblia para formar convicciones. Estamos agradecidos con Bill Mowry y Los Navegantes por hacer que esté disponible esta herramienta poderosa.

DEREK J. CHURCHILL
Líder de Guywire Ministry y del ministerio para hombres de North River Community Church, Pembroke, Massachusetts

¿Cuál es el cambio de paradigma más importante que la iglesia estadounidense necesita hacer en el siglo XXI? Movilizar a los cristianos comunes para que acompañen a quienes los rodean y tienen curiosidad espiritual en su trayectoria de fe hacia Cristo. *¿Cómo?* Pongan en práctica *Los caminos del acompañante*, una guía sencilla que da diez lecciones prácticas acerca de cómo hacer discípulos como lo hizo Jesús. Una vez que nuestro ministerio descubrió esta joya de recurso, comenzamos a recomendárselo, sin rodeos, a literalmente todas las personas que conocemos. ¡Felicitaciones a Bill y a Los Navegantes por este trabajo innovador!

MARY SCHALLER
Presidente de Q Place y coautora de *The 9 Arts of Spiritual Conversations* (Las 9 artes de las conversaciones espirituales)

LOS CAMINOS DEL ACOMPAÑANTE

Edificando discípulos relacionalmente

BILL MOWRY

*Un recurso de NavPress publicado
por Tyndale House Publishers, Inc.*

NavPress es el ministerio editorial de Los Navegantes, una organización cristiana internacional y líder en el desarrollo espiritual. NavPress está dedicada a ayudar a la gente a crecer espiritualmente y a disfrutar de vidas con propósito y esperanza, mediante recursos personales y de grupo que están fundamentados en la Biblia y que son culturalmente pertinentes y altamente prácticos.

Para más información, visite www.NavPress.com.

Los caminos del acompañante: Edificando discípulos relacionalmente

Un recurso de NavPress publicado por Tyndale House Publishers, Inc.

Originally published in the U.S.A. under the title *The Ways of the Alongsider* by Bill Mowry. First edition copyright © 2012, second edition copyright © 2016 by William J. Mowry.

Spanish edition © 2017 by Tyndale House Publishers, Inc., with permission of NavPress. All rights reserved.

Originalmente publicado en inglés en EE. UU. bajo el título *The Ways of the Alongsider* por Bill Mowry. Primera edición © 2012, segunda edición © 2016 por William J. Mowry.

Edición en español © 2017 por Tyndale House Publishers, Inc., con permiso de NavPress. Todos los derechos reservados.

NAVPRESS y el logotipo de NAVPRESS son marcas registradas de NavPress, Los Navegantes, Colorado Springs, CO. La ausencia del símbolo® con relación a las marcas de NavPress u otras partes no indica ausencia de registro de esas marcas. *TYNDALE* y el logotipo de la pluma son marcas registradas de Tyndale House Publishers, Inc.

Fotografía en la portada de las tazas de café © armina/Adobe Stock. Todos los derechos reservados.
Fotografía en la portada del carpintero © goodluz/Adobe Stock. Todos los derechos reservados.
Fotografía en la portada del estudio bíblico © Prixel Creative/Lightstock. Todos los derechos reservados.
Diseño de los rayos de luz en el fondo de la portada © luceluceluceimages/Veer. Todos los derechos reservados.
Fotografía en la contraportada de los hombres estudiando © Pearl/Lightstock. Todos los derechos reservados.
Fotografía del autor por Marissa Mowry.

La rueda es una marca registrada por Los Navegantes en Estados Unidos. Utilizado con permiso de Los Navegantes. Todos los derechos reservados.

El equipo: Don Pape, editor responsable; David Zimmerman, editor de adquisiciones; Beatriz Sparkman, diseñadora de la portada; Jen Phelps, diseñadora del interior. El equipo de español: Mayra Urízar de Ramírez, traducción; S. A. Michel, edición en español.

Las citas bíblicas sin otra indicación han sido tomadas de la *Santa Biblia*, Nueva Traducción Viviente, © 2010 Tyndale House Foundation. Usada con permiso de Tyndale House Publishers, Inc., 351 Executive Dr., Carol Stream, IL 60188, Estados Unidos de América. Todos los derechos reservados.

Las citas bíblicas indicadas con NVI han sido tomadas de la Santa Biblia, *Nueva Versión Internacional*,® NVI.® © 1999 por Biblica, Inc.® Utilizada con permiso. Todos los derechos reservados mundialmente.

Las citas bíblicas indicadas con RVR60 han sido tomadas de la versión Reina-Valera © 1960 Sociedades Bíblicas en América Latina; © renovado 1988 Sociedades Bíblicas Unidas. Utilizada con permiso. Reina-Valera 1960® es una marca registrada de la American Bible Society, y se puede usar solamente bajo licencia.

Las citas bíblicas indicadas con RVA-2015 han sido tomadas de la Versión Reina Valera Actualizada, © 2015 por Editorial Mundo Hispano.

Las citas bíblicas indicadas con PDT han sido tomadas de La Biblia: La Palabra de Dios para Todos (PDT), © 2005, 2008, 2012 Centro Mundial de Traducción de La Biblia, © 2005, 2008, 2012 World Bible Translation Center.

Las citas bíblicas indicadas con DHH han sido tomadas de la Biblia *Dios habla hoy* ®, Tercera edición © Sociedades Bíblicas Unidas, 1966, 1970, 1979, 1983, 1996. Usada con permiso.

Algunas de las historias anecdóticas de este libro son de la vida real y se incluyen con el permiso de las personas involucradas. Todas las demás ilustraciones son una combinación de situaciones reales y cualquier parecido con personas vivas o fallecidas es pura coincidencia.

Para información acerca de descuentos especiales para compras al por mayor, por favor contacte a Tyndale House Publishers a través de espanol@tyndale.com.

ISBN 978-1-63146-817-9

Impreso en los Estados Unidos de América
Printed in the United States of America

23	22	21	20	19	18	17
7	6	5	4	3	2	1

Dedico este libro a mi difunto mentor y amigo, John Ed Robertson. John fue el acompañante supremo, y me enseñó que el discipulado es mayormente «permanecer con la gente hasta que capten». Él permaneció conmigo hasta que yo capté. ¡Gracias, John Ed! La eternidad estará poblada de hombres y mujeres de quienes fuiste acompañante.

CONTENIDO

INTRODUCCIÓN

Bienvenido a la aventura

Yo TENÍA VEINTIDÓS AÑOS CUANDO inicié la aventura que transformó mi vida. ¿Cuál fue la aventura? Me ofrecí como voluntario para la gran comisión, una comisión que se encuentra en algunas de las últimas palabras de Jesús en el Evangelio de Mateo: «Vayan y hagan discípulos de todas las naciones» (Mateo 28:19). Hice el compromiso de colaborar con Dios en hacer discípulos, y nunca he mirado hacia atrás.

Esta aventura me ha llevado a gente y a lugares con los que nunca imaginé que me relacionaría. Mi fe se ha expandido al ayudar a gente de toda clase de vida a aprender a seguir a Cristo. Hay una satisfacción profunda que surge de invertir en la gente a través de las relaciones. En esta aventura, he hecho amigos para toda la vida, de todas edades y nacionalidades. Cuando decidimos reclutar gente para ser discípulos de Jesús, nuestra vida nunca será igual. Por eso escribí este libro.

Si usted ya es un hacedor de discípulos experimentado, si es alguien que apenas comienza o si todavía está explorando de qué se trata la gran comisión, este libro puede ser para usted. Mucho se ha escrito acerca del currículo y el contenido del discipulado, pero relativamente pocos escritores nos dicen cómo hacer discípulos a través de las relaciones. Por demasiado tiempo, hemos supuesto que hacer discípulos es un proceso complicado que es mejor dejarle al profesional de ministerio. Mi pasión es facilitar la gran comisión para que más seguidores de Cristo puedan servir a Dios en esta aventura.

La meta de este libro es describir algunos «caminos», patrones de vida y ministerio, para ayudar a la gente a hacer discípulos que también hagan discípulos. Me baso en más de cuarenta años de experiencia discipulando gente en una variedad de contextos de vida. No encontrará un currículo listo para usar o un método que le quede a toda persona por igual. Más bien, descubrirá principios relacionales aplicables al diverso conjunto de relaciones de su vida. Quiero que termine este libro y diga: «Por fe, puedo hacer esto. ¡Dios puede usarme para hacer discípulos!».

Confío en que Dios levantará un movimiento cada vez más grande de acompañantes que vivan la gran comisión justo donde viven, trabajan, juegan o adoran. Estos acompañantes están comprometidos con estrategias relacionales, haciendo discípulos una conversación y una relación a la vez. Bienvenido a la aventura del acompañante.

Bill Mowry

CÓMO APROVECHAR
AL MÁXIMO ESTE ESTUDIO

1. *Los caminos del acompañante* es más que un libro para leer.

Los caminos del acompañante es un libro para experimentar, no para explorar. Si solo lo lee por información o inspiración, se decepcionará. Este libro está diseñado como algo para *hacer*, no como algo para leer. Para que una vida sea transformada, no hay manera más segura que a través de la aplicación. Al final de cada capítulo, se le pedirá que anote una aplicación específica en la Hoja de acción del acompañante. ¡No se pierda esta tarea! Si solamente lee este libro sin practicar sus principios, se perderá la experiencia transformadora de Dios.

2. *Los caminos del acompañante* se hace con amigos.

Los caminos del acompañante está diseñado para relaciones de discipulado en un grupo pequeño o de uno a uno. Puede ser un currículo para un salón de clases, pero debe aplicarse de maneras distintas. Primero, la gente que asiste a la clase debe tener el deseo de ayudar a los demás a crecer. No todos estarán listos para el mensaje del acompañante. Segundo, el poder del material se encuentra en la aplicación y la rendición de cuentas que se lleva a cabo en grupos pequeños. Divida la clase en grupos de tres o cuatro para fomentar la franqueza, la aplicación y la rendición de cuentas. Demuestre el poder del ministerio relacional en cómo estructure la clase. Finalmente, el beneficio del libro está en su finalización. Estructure el salón de clases de manera que la gente llegue preparada con las tareas completadas.

3. *Los caminos del acompañante* comienza con una vista telescópica.

Si diéramos un paso atrás para ver el panorama de este libro a través de un telescopio, ¿qué veríamos? ¿Cuál es el cuadro global? El cuadro global del ministerio del acompañante se encuentra en la analogía de la predicción del clima. Los pronosticadores saben que para predecir el clima (lluvia, nieve, luz del sol), ciertas condiciones deben estar presentes. Cuando los frentes fríos se cruzan con los frentes cálidos, hay mal tiempo. Sin embargo, no hay garantía de que habrá nieve o lluvia. Ciertas condiciones crean la posibilidad, pero no garantizan la probabilidad.

El cambio espiritual es así. Dios mezcla maravillosamente ciertos elementos para crear un clima para el cambio. Estos elementos no son una garantía, pero sí estimulan la posibilidad del cambio. Para que la gente comience a vivir los caminos del acompañante, deben estar presentes unas cuantas condiciones claves. Ahora es el momento para la vista telescópica. Todo el libro puede resumirse con estos elementos sencillos: un blanco, las relaciones (R), la discusión y el descubrimiento de la Biblia (2D) y la aplicación, la rendición de cuentas y la afirmación (ARA).

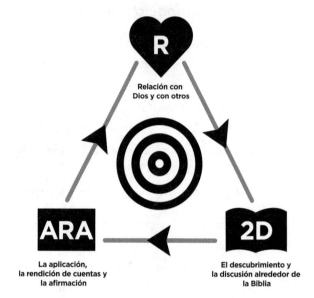

- **El blanco.** El retrato del Nuevo Testamento de un discípulo llega a ser el objetivo que se persigue al hacer discípulos.
- **R.** La R representa las *relaciones*. Una relación con Dios y una relación con las personas a las que discipulamos proporciona el contexto apropiado para el proceso de hacer discípulos.
- **2D.** Siempre hay una Biblia abierta entre el acompañante y la persona que está discipulando. Alrededor de esta Biblia abierta, el descubrimiento y la discusión (2D) se llevan a cabo.
- **ARA.** El ARA describe la aplicación, la rendición de cuentas y la afirmación. *Los caminos del acompañante* es un viaje de aplicación. Las relaciones que rinden cuentas animan al seguimiento. La afirmación proporciona un «¡bravo!» que anima a la gente a seguir adelante.

Cuando usted incorpora estos elementos a la experiencia del acompañante, aumenta la probabilidad para el cambio. En cada capítulo, busque un símbolo de R + 2D + ARA. Este señala una herramienta o habilidad crucial que se necesita a medida que acompaña a otros en su vida cotidiana relacionalmente. Cada capítulo comenzará con esta gráfica, y la gráfica enfatizará el foco de atención de ese capítulo. Cuando el capítulo tiene a la vista la interacción de todos estos elementos, se enfatiza toda la gráfica.

4. *Los caminos del acompañante* viene con una caja de herramientas.

No hay herramienta alguna que pueda reparar todo. Al discipular a otros, necesitamos una variedad de herramientas para ayudar a la gente a seguir a Cristo de manera práctica. Al final de cada capítulo, hay una herramienta relevante para uno de los caminos del acompañante. Lo animo a llevar a cada persona de su grupo a probar una de estas herramientas, completando la tarea para que la herramienta llegue a ser un recurso útil.

PRIMERA PARTE

LAS BASES

CAPÍTULO UNO

EL CAMINO DEL *AMATEUR*

Los acompañantes lo hacen por amor

Jesús aspiraba a iniciar un movimiento que alcanzaría a todo el mundo.
Tuvo tres años para hacerlo. Y deliberadamente se dedicó a doce hombres.
[...] Me di cuenta de que esa estrategia no podría mejorarse.

RICHARD HALVERSON, EXCAPELLÁN DEL SENADO DE LOS ESTADOS UNIDOS

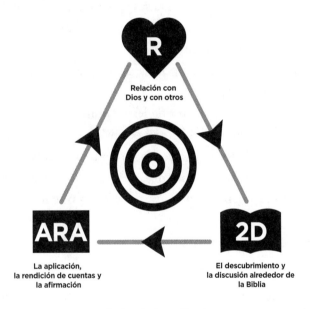

UN VECINO NUEVO SE MUDÓ al otro lado de la calle de Juan y María. No tardó mucho para que Juan atravesara la calle a fin de conocer al recién llegado, Mateo. A través de varias conversaciones, Juan descubrió que Mateo era viudo y que batallaba con el cáncer. De manera natural, Juan compartió su fe en Cristo con Mateo. Pero hizo más. Él y María decidieron servir a Mateo: María le llevaría comidas, y Juan haría reparaciones en la casa. Invitaron a Mateo a su estudio bíblico del vecindario y luego a la iglesia. Mateo fue una vez a cada evento.

—¿Y por qué no regresó? —pregunté.

—Creo que no regresó porque se avergonzaba de sus frecuentes ataques de tos —dijo Juan.

Hay un final feliz en esta historia. Antes de que muriera de cáncer, Mateo confió en Cristo.

Mateo no fue un proyecto para Juan y María. Ellos no lo amaron porque recientemente habían asistido a un seminario de cómo testificar. No lo invitaron a la iglesia solo porque era el «domingo de la amistad». Ni comenzó Juan una conversación de fe solo porque era pastor. De hecho, Juan había sido carnicero toda su vida, y María trabajaba en la cafetería de la escuela. Ellos se acercaron a Mateo porque creían que eso es lo que hacen los discípulos de Jesús. Los discípulos cruzan la calle, se hacen amigos del vecino, lo sirven y comienzan conversaciones de fe.

¿Cómo sé todos esos detalles? Juan y María son mis padres, y sus verdaderos nombres son Bill y Daisy. He aquí otra sorpresa: ¡tenían setenta y tantos años cuando eso ocurrió! En la vida diaria de una zona de casas móviles, la vida y la fe de mis padres se ganaron el corazón de un vecino. Demostraron una estrategia de ministerio sencilla y relacional: cruzar la calle, hacerse amigo de un vecino, comenzar una conversación de fe y ver a Dios hacer el resto. Usted podría decir que mis padres son *amateurs* del ministerio.

Imagine el impacto si tuviéramos cantidades de hombres y mujeres como mis padres: gente comprometida con llevar a cabo la gran comisión una conversación y una relación a la vez. No necesitamos edificios más grandes, programas costosos o más personal en la iglesia para llevar a la gente a Cristo. Solo necesitamos discipular y liberar a la gente para que ame a los demás precisamente donde viven, trabajan o se divierten.

Dios busca *amateurs* del ministerio

Dios busca *amateurs* del ministerio. Esto debería ser un aliento para cualquiera que desee participar en la gran comisión. La palabra *amateur* se origina de la palabra latina que significa «amante». Los *amateurs* no son personas que necesariamente carecen de habilidades o preparación; los *amateurs* a menudo pueden ser altamente calificados. Hacen lo que hacen no por dinero, sino por el puro amor y la alegría de hacerlo.

A los apóstoles podría llamárseles los primeros *amateurs* del ministerio. Cuando los chicos judíos llegaban a mediados de su adolescencia, los mejores y más inteligentes eran reclutados por el rabino local para estudios avanzados. Para los que no calificaban, el siguiente paso era ser aprendices en una vocación. De los doce hombres que Jesús escogió, ni uno tenía entrenamiento para ser rabino. Todos estaban involucrados en ocupaciones seculares. Jesús los sumergió en el Antiguo Testamento, pero él tenía algo más grande en mente. Su meta era preparar activistas del reino.

Estos *amateurs* religiosos (los apóstoles) con el tiempo crearon una conmoción. Cuando los profesionales del ministerio de su día (los líderes, los ancianos, los escribas) observaron su audacia y confianza, se asombraron porque «eran hombres sin letras y del vulgo […] y les reconocían que habían estado con Jesús» (Hechos 4:13, RVR60). La expresión que se traduce como «sin letras y del vulgo» significa que eran laicos sin preparación profesional ni educación técnica en la Ley[1].

La iglesia primitiva fue un movimiento de *amateurs*. El historiador eclesiástico Michael Green escribe: «"La gran misión del cristianismo [convertir el Imperio romano] en realidad se logró por medio de misioneros informales". […] Lo hicieron de manera natural y entusiasta, y con la convicción de personas a las que no se les paga para decir esa clase de cosas»[2]. Dios quiere usar a los *amateurs* del ministerio, gente común que tiene un corazón para servir a Dios.

Una imagen vale mil palabras

Mi amigo pastor Ron estaba en medio de una sesión de enseñanza sobre hacer discípulos cuando un participante de la clase levantó la mano e hizo esta declaración:

—Pastor, yo nunca puedo hacer discípulos porque no puedo hacer lo que usted hace. Si hacer discípulos significa enseñar una clase, creo que quedo descalificado. ¡Yo no tengo el don de la enseñanza!

Entonces, Ron sondeó a la clase:

—¿Cuántos de ustedes creen que tienen el don de la enseñanza y podrían hacer lo que yo hago?

Unos cuantos levantaron la mano humildemente.

—Ahora bien —dijo Ron—, ¿cuántos de ustedes podrían acompañar a alguien para ser su amigo, leer la Biblia, hacer algunas preguntas, contar algunas historias y estimular la aplicación? ¿Cuántos podrían hacer eso?

¡Casi todas las manos se levantaron! Cuando Ron cambió la imagen de hacer discípulos de un maestro formal a alguien que acompaña para ayudar, la gente pudo verse involucrada en hacer discípulos.

El autor Warren Wiersbe escribe: «Ningún cristiano se eleva más alto que la belleza y la calidad de las imágenes que están colgadas en la galería de su mente»[3]. Lo que visualizamos en nuestra imaginación puede impactar nuestro comportamiento. Con demasiada frecuencia, somos como la gente de la clase de Ron. En nuestra mente, tenemos ciertas imágenes insuperables de hacer discípulos. Pensamos: *Yo nunca podría hacer discípulos porque no soy un maestro*. Otra situación es la imagen compleja de estándares y requisitos. Un libro popular acerca de hacer discípulos enumera treinta temas que abarcar al discipular a alguien. *¡Mi vida no cumple con esas treinta cualidades!* nos decimos.

¿Cómo podré llegar a hacer un discípulo? ¿Qué pasaría si cambiáramos ese cuadro? ¿Qué pasaría si colgáramos en nuestra mente la imagen de un acompañante?

Jesús hace algo maravilloso. Él nos invita, en nuestra debilidad y falta de experiencia, a ser sus ayudantes en la gran comisión. Él recluta *amateurs* del ministerio a fin de que acompañen a sus amigos y modelen comportamientos —cómo amar a Dios, desarrollar amistades, leer la Biblia, contar historias, hacer preguntas— y para que estimulen la aplicación. Podemos llamar a estos *amateurs* «acompañantes». ¿Está listo para colgar este cuadro en la galería de su mente?

1. Describa su imagen actual de hacer discípulos. Siéntase en libertad de ser creativo y combinar palabras y bocetos.

2. He aquí una descripción de un acompañante. Subraye las palabras o frases que sobresalgan para usted.

> *Cuando ministramos como acompañantes, nos ganamos el derecho de llegar a involucrarnos intencionadamente en la vida de las personas. Los acompañantes colaboran con el Espíritu Santo, ayudando a otros a seguir sinceramente a Jesús en todos los aspectos de la vida. Hacemos esto deliberadamente de maneras sencillas y relacionales: amándonos mutuamente, leyendo la Biblia, contando historias, haciendo preguntas, animando a la aplicación y viviendo la misión.*

Los acompañantes usan el lenguaje del Espíritu Santo

El ministerio del acompañante se deriva del concepto griego de *paraklésis*, que significa «la llamada al lado de uno», «un ayudante o consejero activo»[4]. El Espíritu Santo es el acompañante supremo, un Abogado Defensor que está con nosotros para siempre (Juan 14:16, 26). Nos convertimos en canales por los cuales el Espíritu Santo llega al lado de otros para animarlos, consolarlos y exhortarlos. En Romanos 16:1-14, el apóstol Pablo identifica alrededor de treinta personas que ministraban dentro de la iglesia romana. Entre estos amigos estaban un recién convertido, fabricantes profesionales de tiendas, una mujer acaudalada y personas que abrían sus hogares al ministerio. En muchas y diversas maneras, estos hombres y mujeres acompañaron a otros, colaborando con Pablo en su ministerio del evangelio y de plantar iglesias.

Los acompañantes usan un lenguaje distinto (*paraklésis*) al lenguaje formal de la predicación (*kerugma*) y la enseñanza (*didasko)*. El autor Eugene Peterson observa la diferencia al describir cómo la predicación típicamente se dirige hacia la voluntad, en tanto que la enseñanza se dirige a la mente. El ministerio de *paraklésis* complementa estos dos. «[*Paraklésis*] introduce un tono más tranquilo, más conversacional, algo parecido a: "Estoy aquí a tu lado, discutamos esto, consideremos cómo podemos aprovechar todo lo que Dios está haciendo"»[5].

Cuando los acompañantes practicamos el lenguaje de *paraklésis*, ayudamos a que los hombres y las mujeres pasen de entender las Escrituras a aplicar sus verdades a la vida. Peterson describe este proceso de la verdad a la vida de esta manera: «El lenguaje paraclético es el lenguaje del Espíritu Santo, un lenguaje de relación e intimidad, una manera de hablar y escuchar que adentra en nosotros las palabras de Jesús»[6]. Podemos practicar este ministerio paraclético como acompañantes, gente que anda en el Espíritu y discipula a otros relacionalmente.

Vivir como un acompañante significa cambiar el «cómo»

Cuando puse mi confianza en Cristo durante mi segundo año universitario, supe que tenía que hacer tres cosas: leer la Biblia, orar y ver a Ed.

Ed era el chico que vivía al otro lado del pasillo en mi residencia estudiantil del primer año. Después de conocernos, descubrí que él era cristiano. Aunque al principio me resistí a las «conversaciones religiosas» de Ed, llegamos a ser mejores amigos. Su testimonio persistente me llevó al Salvador. Yo sabía que, si tenía preguntas acerca de mi nueva fe, podía confiar en que Ed sería mi guía.

Cuando le conté a Ed de mi compromiso de fe, él hizo algo sencillo: me invitó a leer la Biblia con él en la sala de estudio de la residencia estudiantil. Esto inició el hábito de orar juntos, leer las Escrituras, debatir nuestras interpretaciones y compartir nuestras aplicaciones. Ese fue un discipulado relacional: dos amigos que se reunían con una Biblia abierta, compartían su vida y se ayudaban mutuamente a seguir a Jesús.

Pronto descubrí que Ed practicaba un patrón del Nuevo Testamento. Cuando el Señor invitó a sus discípulos a «que estuvieran con él» (Marcos 3:14, RVA-2015), eso quería decir unirse al Señor en su vida. Juntos, ellos iban a eventos sociales y en expediciones a pie. Disfrutaban las conversaciones de fe y compartían las alegrías y tristezas del ministerio. Jesús era un acompañante, y ministraba intencionada y relacionalmente a estos pocos elegidos.

Mi amigo Ed entró a mi historia con Dios y me marcó con un amor por Dios. *¿Cómo* me discipuló Ed? Él hizo más que reclutarme para una serie de videos o un curso. Demostró el *cómo* del acompañante, un *cómo* en el que la vida en Cristo se transmite de una persona a otra a través de una relación. En el ministerio así las relaciones llegan a ser el camino para la transformación espiritual. Estoy eternamente agradecido porque Ed fue un acompañante que se tomó el tiempo para vivir conmigo día a día.

3. El apóstol Pablo practicó un método relacional de ministerio. Aunque su misión como apóstol típicamente significaba lanzar una iglesia y luego seguir adelante, demostró una técnica relacional para el ministerio. Basado en su ejemplo en la iglesia de Tesalónica, ¿qué puede observar de su método relacional?

- 1 Tesalonicenses 2:7

- 1 Tesalonicenses 2:8

- 1 Tesalonicenses 2:11-12

4. ¿Qué cree que significaba que Pablo era como una madre o un padre para este nuevo grupo de creyentes?

5. Describa la intencionalidad de Pablo para desarrollar la fe de estos nuevos creyentes.

Vivir como un acompañante significa cambiar el «cuándo»

Involuntariamente, hemos creado una brecha en la vida cristiana. Correctamente, enfatizamos la evangelización y estimulamos la conversión personal a Cristo. La promesa de la conversión es una vida vivida en la eternidad. Sin embargo, a veces podemos excluir la brecha que hay entre la conversión y la eternidad, la vida que se vive en medio. Esta vida en medio transcurre entre los servicios dominicales de la iglesia, en donde vivimos, trabajamos, estudiamos y nos divertimos. Los acompañantes saben que el discipulado se trata de lo que ocurre en medio.

El apóstol Pablo entendía cómo se vive la vida en medio cuando exhortó a los filipenses a vivir sin mancha «en un mundo lleno de gente perversa y corrupta». Justo en medio del trabajo, el vecindario y la familia, debemos vivir «como luces radiantes en [el] mundo» (Filipenses 2:15). La prueba de la vida del discípulo no se encuentra en un servicio de adoración ni en un retiro, sino en medio de una generación perversa. Acompañamos a la gente en este punto medio de la vida, en el *cuándo* de las rutinas diarias y las relaciones donde Dios está obrando.

Vivir como un acompañante significa cambiar el «dónde»

El ministerio del acompañante derriba algunos cuadros tradicionales de dónde ocurre el crecimiento espiritual. Para empezar, derribamos nuestras imágenes del salón de clases, el estudio o el santuario de la iglesia. Estas cosas todavía tienen un lugar, pero no son tan prominentes para los acompañantes. Ahora colgamos imágenes nuevas, como una sala de estar, un lugar de trabajo o el asiento de una gradería. En lugar de la formalidad de un salón de clases, toda la vida se convierte en un lugar para aprender. En lugar de ser el maestro, colocado por encima de los estudiantes, los acompañantes se ven a sí mismos como compañeros de viaje, acompañando deliberadamente a la gente a seguir juntos a Cristo. Para hacer esto, tenemos que colgar un cuadro nuevo de *dónde* ocurre el discipulado.

He aquí una manera de ilustrar las diferencias entre los métodos tradicionales del discipulado y el método del acompañante.

Métodos tradicionales	El camino del acompañante
salón de clases	grupo pequeño y uno a uno
contenido y currículo	carácter y práctica
unidireccional (del maestro al alumno)	bidireccional (descubrimiento y discusión)
completar el curso o currículo	vivir y practicar la vida
enseñar a través de una conferencia	enseñarle a la gente a estudiar por sí misma
decirle a alguien cómo	demostrarle a alguien cómo
información	fomentar la transformación
algo programado	estilo de vida para vivir

6. Considere la imagen de hacer discípulos que formuló en la página 6. ¿Cambiaría ahora algo de su cuadro? En el espacio inferior, combine algunas palabras o bocetos de este cambio.

Vivir como un acompañante significa cambiar el «qué»

Vivir como un acompañante es altamente relacional, pero no casual. Al igual que el apóstol Pablo, queremos, intencionadamente, «presentarlos a todos [...] maduros en Cristo» (Colosenses 1:28, PDT). Lo que hacemos es muy deliberado e intencionado. ¡Somos amigos con un interés!

Una manera de llevar la intencionalidad al proceso del acompañante es aplicar el VIM: visión, intencionalidad y medios. La *visión* es la motivación y el fin deseado. La *intencionalidad* representa un método determinado. Los *medios* describen las herramientas y los recursos que ayudarán. Dallas Willard dice que estos tres elementos son «el patrón general para la transformación personal» y el camino para el cambio y la madurez espiritual[7].

- *Visión:* ¿Tengo una imagen, o visión, para el discipulado?
- *Intencionalidad:* ¿Quiero llegar a ser más semejante a Cristo?
- *Medios:* ¿Tengo las herramientas, la ayuda práctica y el entrenamiento para la madurez espiritual?

Los tres funcionan en conjunto. Si tengo visión e intencionalidad sin medios, mis intenciones pueden ser buenas, pero dan pocos resultados. Si tengo intencionalidad y medios sin visión, puedo especializarme en los métodos sin corazón. Los tres son indispensables para el proceso. VIM es lo que aplicamos para acompañar a otros.

Tenga en mente el principio VIM a medida que acompaña a las personas en su trayectoria de discipulado. VIM lo desafiará a hacer preguntas como: *¿Cuál es su visión para el discipulado? ¿Cómo está estimulando intencionadamente el crecimiento espiritual? ¿Qué herramientas o recursos prácticos pueden ser un medio para desarrollar una vida de discipulado?* A lo largo del libro, hay algunos ejemplos esparcidos del VIM.

Evaluar mi vida actual como acompañante

La siguiente evaluación mide su capacidad y compromiso de discipular a la gente a través de los caminos del acompañante. Cada evaluación es una creencia o un comportamiento acerca de hacer discípulos. Califique cada declaración en una escala del uno al cinco. «Uno» indica una práctica o creencia débil. «Cinco» indica una creencia fuerte o la práctica regular de un comportamiento. Totalice su puntuación al final.

_____ 1. Creo que la tarea efectiva de hacer discípulos surge de un caminar sano con Dios.

_____ 2. Invierto tiempo en conocer el trasfondo de una persona y escuchar su historia de fe.

_____ 3. Creo que la amistad con una persona es tan importante como el currículo apropiado.

_____ 4. Busco participar en pasatiempos comunes y eventos sociales con la gente a la que discipulo.

_____ 5. Frecuentemente, tengo en mente metas de discipulado cuando nos reunimos.

_____ 6. Busco a otros en el cuerpo de Cristo que puedan ayudar a la gente a través de su conjunto único de dones y experiencias.

_____ 7. Al hacer discípulos, invito a la gente a la que acompaño a unirse a un grupo pequeño para el crecimiento espiritual máximo.

_____ 8. Paso tiempo uno a uno con la gente, para enseñarle a seguir a Cristo de manera práctica.

_____ 9. Acompaño y ayudo a la gente a meditar en las Escrituras y a aplicarlas.

_____10. Tengo una imagen clara de un discípulo del Nuevo Testamento.

_____11. Doy el ejemplo de transparencia y vulnerabilidad a la gente que discipulo.

_____12. Hago todo lo posible para modelar una vida de discipulado.

_____13. No dependo de mis habilidades o técnicas, sino, a través de la oración, confío intencionadamente en que Dios transformará a la gente.

____14. Dedico tiempo para visitar el hogar o lugar de trabajo de la gente a la que acompaño en el discipulado.

____15. Busco ser un ejemplo de cómo discipular a otros.

____ TOTAL

15–35 Soy principiante en ser acompañante.
36–55 Estoy creciendo en ser acompañante.
56–75 Soy un hábil practicante en ser acompañante.

7. ¿Qué descubrió acerca de sus puntos fuertes como acompañante?

8. ¿Qué descubrió acerca de algunas áreas de crecimiento para sí mismo como acompañante?

9. Durante las próximas semanas, ¿qué le gustaría reforzar en su ministerio de ser acompañante?

10. Durante las próximas semanas, ¿qué área de necesidad le gustaría transformar en un punto fuerte?

Vivir como acompañante quiere decir actuar

Describa lo más destacado de este primer capítulo. ¿Qué fue una nueva *revelación*? ¿Alguna *afirmación* de lo que ya creía o practicaba? ¿Algún *desafío* particular? Escriba la revelación, la afirmación o el desafío en una oración sencilla:

¿Cómo podría aplicar esta verdad a su vida en la próxima semana? Imagínese practicando esta verdad durante las próximas veinticuatro horas (o en otro marco de tiempo) de la rutina de su vida. ¿Qué medida específica puede tomar? Describa una acción específica.

Vaya a la Hoja de acción del acompañante (página 123) y anote su revelación y su paso a dar.

HERRAMIENTAS DEL ACOMPAÑANTE

La aplicación personal es clave para una vida transformada

JESÚS NO SUAVIZÓ su mensaje: «¿Por qué siguen llamándome "¡Señor, Señor!" cuando no hacen lo que les digo?» (Lucas 6:46). La obediencia es la marca de un seguidor de Cristo (Juan 14:21) y asegura la bendición de Dios (Santiago 1:22-25). Nuestra *visión* como un acompañante es ser un discípulo obediente. Llegamos con buenas *intenciones*. Sin embargo, ¿cuál es el *medio* para poner por obra una vida de obediencia? La aplicación personal es un medio para crecer en la obediencia.

La aplicación es un paso sencillo, práctico y personal que doy como respuesta a la Palabra de Dios. Se distingue por tres cualidades:

1. **Pasaje.** La aplicación comienza con una Biblia abierta. Le pedimos al Espíritu Santo de Dios que nos enseñe al nosotros leer y meditar en su Palabra. Le pedimos que conecte su Palabra a nuestra vida y nuestro corazón. Identificar una verdad clave de un pasaje es la plataforma de lanzamiento para la aplicación.

2. **Personal.** La aplicación comienza en nuestro corazón. Llevamos un corazón abierto ante Dios, pidiéndole que le hable a nuestro corazón a través de su Palabra. Me haré esta pregunta de corazón: «¿Cómo habla la Biblia a mis valores, pasiones, suposiciones de vida o motivación?».

3. **Práctica.** La aplicación es una acción práctica, algo que hacemos. Muchas veces, es un paso a dar en las próximas veinticuatro horas. Las aplicaciones generalmente no son un compromiso de toda la vida, sino una respuesta inmediata y personal al Espíritu Santo.

Nuestra imaginación puede ser el lienzo para la aplicación. He aquí como funciona el proceso. El Señor toca nuestro corazón con un pasaje al resaltar una suposición de vida errónea, un valor mal colocado, una palabra de ánimo o un desafío a la obediencia. Entonces comenzamos a imaginar cómo poner por obra este pasaje durante las próximas veinticuatro horas.

He aquí un ejemplo: «El Señor me habló sobre la oración a través de Filipenses 4:6-7. Necesito orar en vez de preocuparme». Imagínese actuando de acuerdo a esta revelación. Durante las próximas veinticuatro horas, ¿cómo podría orar en lugar de preocuparse? Imagine cómo cambiaría la rutina de su vida al día siguiente si usted estuviera resuelto a orar. Podría preguntarse: *¿Cuál sería una buena hora para orar mañana?* Piense en sus circunstancias de ansiedad. ¿Cómo podrían influir en las cosas por las que ora? Una vez que establezca un paso a dar, escríbalo, y luego realícelo. Ahora ha creado un recuerdo sencillo que permanecerá con Filipenses 4:6-7. Las aplicaciones desarrollan recuerdos espirituales: fotografías mentales de nuestra obediencia a nuestro Señor.

A lo largo de *Los caminos del acompañante* se le pedirá que haga una aplicación. Cada aplicación se convierte en un recuerdo personal de obediencia práctica a nuestro Señor. Su Hoja de acción del acompañante será un registro de estos recuerdos, un testimonio de cómo Dios cambia la vida de maneras pequeñas.

CAPÍTULO DOS

EL CAMINO DEL AMOR

Los acompañantes viven el gran mandamiento

*Cuando Dios se convierte en un compañero constante, cada rincón de la
vida se llena de la sensación de la presencia de Dios.*

JAN JOHNSON

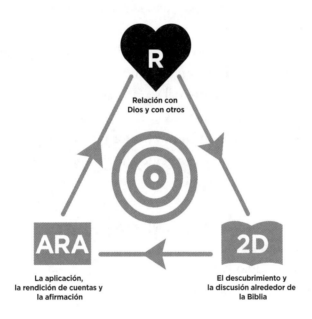

DESPUÉS DE QUE LE HABLÉ a mi amigo Ed de mi compromiso de fe, él inmediatamente
me conectó con un ministerio estudiantil. Pronto descubrí la dinámica bíblica de la
comunión y florecí a través del apoyo y la rendición de cuentas de amigos como Ed,
Joel y Kent. Leer la Biblia y orar eran partes naturales de lo que hacíamos para crecer en
Cristo. Estas disciplinas sencillas aumentaron mi amor por Dios. Pero luego el semestre
terminó y llegaron las vacaciones de verano. Sin el apoyo de mis amigos, mi disciplina
de reunirme con Dios flaqueó.

Al buscar un poco de motivación, descubrí un libro titulado *The School of Obedience*
(*Escuela de la obediencia*) de un autor del siglo XIX, Andrew Murray. Él escribió un desafío que transformó mi vida: «¡Cumpla la guardia matutina!». La guardia matutina eran
treinta minutos diarios en la mañana dedicados a reunirse con el Señor en su Palabra y
en oración. «Los sacrificios hacen hombres fuertes —escribió Murray—. Los sacrificios

ayudan maravillosamente a arrancarnos de la tierra y del agradarnos a nosotros mismos, y nos elevan hacia el cielo»[1]. Yo decidí aceptar este desafío. Para estas alturas, yo había pasado tiempo con Dios cuando era conveniente. Decidí que ahora la mañana sería mi tiempo para reunirme con Dios. El amor de Dios me llamó a actuar.

Esa decisión fue hecha hace más de cuarenta años. Ahora, no tengo un registro del 100 por ciento de reunirme diariamente con Dios, pero he promediado cinco veces a la semana. Esa pequeña decisión transformó mi vida. El principio que comprendí fue que el Señor me invitaba a una relación que se distingue por la cercanía y la adoración, la obediencia y el asombro. En otras palabras, él me llamaba a amarlo. Una disciplina simple ayudó a convertir este deseo de amar a Dios en una realidad. Aprendí que el gran mandamiento de amar a Dios (Mateo 22:37-38) debe preceder a la gran comisión. La vida es vivir en el gran amor de Dios y practicarlo.

Amar a Dios debe estar en el centro del ser del acompañante. Modelar al Hijo significa modelar el amor compartido entre él y el Padre (Juan 17:23). Este amor se puede describir como una sed insaciable de Dios. El autor John Stott escribe que los cristianos deben ser «unos insaciables espirituales»: gente que siempre tiene sed de Dios[2]. El salmista reconoció esta sed cuando escribió:

Como el ciervo anhela las corrientes de las aguas,
　　así te anhelo a ti, oh Dios.
Tengo sed de Dios, del Dios viviente.
　　¿Cuándo podré ir para estar delante de él?
SALMO 42:1-2

Al reflexionar en este salmo, el predicador y autor inglés Charles Spurgeon escribió: «David estaba desconsolado. Tranquilidad no buscaba él, honor no deseaba, pero el disfrute de la comunión con Dios era una necesidad urgente de su alma. [...] Su mismo ser, su vida más profunda, no se saciaba de la sensación de la presencia divina»[3]. ¡David amaba a Dios!

Creo que el privilegio más grande de la vida es ayudar a la gente a enamorarse del Señor Jesús. El autor David Benner escribe que «el regalo supremo que alguien puede darle a otra persona es ayudarla a vivir más consciente de la presencia de Dios»[4]. Como acompañantes, tenemos el gozo de amar a un Dios misericordioso y de ayudar a otros a enamorarse de él. En este capítulo, prepárese para ser renovado en el amor del Señor. Descubrirá una visión para practicar el gran mandamiento. Entonces explorará intencionadamente un medio sencillo para cultivar esta relación de amor.

Practicar el gran mandamiento comienza con buscar a Dios

1. Vivir en el amor de Dios comienza cuando él nos busca y nosotros lo buscamos a él. Buscar algo o alguien quiere decir indagar, perseguir, cazar o rastrear. Como la mujer de la parábola de Jesús que perdió una moneda valiosa, buscamos a Dios de una manera desesperada. ¿Qué nos enseñan los siguientes pasajes acerca de que Dios nos busca y de cómo nosotros necesitamos buscarlo a él?

   • Génesis 3:9

   • 1 Crónicas 28:9

   • Salmo 27:4

   • Salmo 27:8

   • Salmo 63:1

   • Juan 4:23

2. ¿Cómo puede la verdad de que su Padre celestial lo está buscando a usted repercutir en su amor por él?

Practicar el gran mandamiento significa vivir en el amor de Dios

A mi esposa y a mí nos encanta atender invitados. Durante algunas horas o un fin de semana, disfrutamos la compañía de la gente. A veces, sin embargo, estos invitados deciden quedarse un tiempo. Un día puede convertirse en una o dos semanas. Allí es cuando las cosas cambian. Los invitados no interrumpen nuestra rutina porque sabemos que se irán. Sin embargo, cuando la gente llega para quedarse, ¡nuestra rutina de vida cambia! Su presencia afecta nuestro calendario, cómo compartimos el baño o las comidas que comemos. Visitar es distinto a residir. El amor de Dios es así.

Invitamos a Dios a nuestra vida para que sea más que un invitado. Él anhela llegar a ser un residente permanente (Apocalipsis 3:20). Su residencia a través del Espíritu Santo (Juan 14:15-16) se convierte en una presencia para el cambio. Los acompañantes eligen el camino del amor, invitando al Señor a ser no solo un invitado, sino un residente permanente. Su amor se convierte, más que una creencia, en una relación estrecha de conversación e intimidad. Tomamos decisiones no solo para creer, sino para vivir en su amor.

3. Las descripciones de los siguientes pasajes son una pequeña muestra del amor de Dios. Lea los pasajes y describa el amor de Dios por usted. Encuadre su respuesta completando la siguiente oración: «El amor de Dios por mí es...».

- Salmo 36:5

- Salmo 63:3

- Jeremías 31:3

- Efesios 2:4-5

- Efesios 3:17-19

4. ¿Cómo sería la vida si usted fallara en comprender y vivir en el amor de Dios por usted?

5. ¿Cómo puede la consciencia del amor de Dios por usted ayudarlo a ser un acompañante para otros?

Practicar el gran mandamiento quiere decir practicar su amor

6. Practicar el amor de Dios quiere decir que nuestro corazón es liberado para amarlo a él y a los demás sin la compulsión de ganarse el amor de otro (ya sea el amor de Dios o el de un amigo). Los siguientes pasajes son una muestra de cómo practicar el amor de Dios. Busque los versículos y describa cómo debemos practicar su amor. Puede encuadrar su descripción completando esta oración: «Practico el amor de Dios cuando yo...».

- Juan 13:34

- Juan 15:9-11

- Juan 15:13

- 1 Juan 4:7

- 1 Juan 4:19

7. ¿Cómo pueden su fe y su experiencia del amor de Dios motivarlo a amar y a discipular a otros?

8. Describa qué podría pasar al discipular a otros si usted fallara en apreciar el amor de Dios. Complete la siguiente lista.

- Amaría a otros para ganarme su amor por mí.

- Discipularía a otros para ganarme el favor de Dios.

- Mi amor por Dios se mediría por el rendimiento.

- _____.

- _____.

- _____.

9. Algunos describirían a un *discípulo* como una persona que ama a Dios con todo su corazón. ¿Cómo puede ser ayudar a alguien a convertirse en discípulo de Cristo una de las formas supremas en las que podemos amar a otros?

Practicar el gran mandamiento se lleva a cabo a través de un ejercicio sencillo

Cuarenta años de matrimonio me han enseñado una cosa. Solo porque mi esposa, Peggy, y yo estamos presentes en nuestro hogar al mismo tiempo no quiere decir que estamos creciendo en nuestra relación el uno con el otro. Es cierto, hay una confianza silenciosa entre nosotros, y nos sentimos cómodos con la presencia del otro. Muchas veces, hay una comunicación tácita entre nosotros. Sin embargo, esta relación no ocurrió porque simplemente estábamos cerca del otro.

Nuestro amor sobreentendido se forjó a través de incontables conversaciones en comidas, salidas en la noche, alegrías familiares y tragedias compartidas. El hablar, las lágrimas y las risas nos dieron esta facilidad de relacionarnos. Cualquier amistad es así. Desarrollamos relaciones al pasar tiempo comunicándonos y compartiendo la vida con el otro. Igual es el amar a nuestro Señor. No crecemos en nuestro amor por él con su simple presencia, sino con el esfuerzo deliberado de buscarlo.

A lo largo del tiempo y la cultura, la gente que ama a Dios ha practicado una disciplina sencilla para enriquecer su relación con el Señor Jesús. Se le ha dado una variedad de nombres: guardia diaria, tiempo a solas, devocional diario, pero el principio es el mismo. Crecemos en nuestro amor por Dios cuando lo acompañamos a través de un tiempo diario en su Palabra y oración. Como dice Chuck Swindoll: «Buscar la intimidad con el Todopoderoso requiere de atención enfocada»[5]. Esta atención enfocada ocurre cuando establecemos una rutina de citas diarias con Dios. Con el tiempo, nos daremos cuenta de que algo ha ocurrido en nuestra relación con Dios. Ahora somos personas que experimentan la «amistad con Dios», llegando a ser aquellos a quienes «les da a conocer su alianza» (Salmo 25:14, DHH).

10. Las relaciones se desarrollan a medida que los amigos pasan tiempo unos con otros. Basándose en estos pasajes, describa por qué es tan importante pasar tiempo con nuestro Señor.

- Éxodo 33:11

- Salmo 5:3

- Proverbios 8:32-34

- Marcos 1:35

11. ¿Cómo calificaría su éxito en pasar tiempo regularmente con el Padre en la Palabra y oración?

_____ No estoy muy motivado para mantener una cita diaria.

_____ Estoy motivado, pero batallo con la constancia.

_____ Soy constante, pero se ha convertido en una rutina en lugar de una alegría.

_____ Estoy motivado y regularmente paso tiempo con Dios.

¿Cuáles son algunas de sus barreras más grandes para pasar tiempo con el Padre?

¿Recuerda mi decisión transformadora al inicio del capítulo? Algunas disciplinas sencillas me ayudaron a cultivar un tiempo regular con Dios.

- Establecí un *tiempo específico*. Esto puede cambiar día a día, dependiendo de su horario. Ponga su cita con Dios en su horario de cada día. ¿Cuándo se reunirá con Dios?

- Escogí un *lugar*. ¿Cuál es el mejor lugar para reunirse con Dios? ¿En su sala de estar, cocina o sentado en su automóvil antes del trabajo? ¿Dónde se reunirá con Dios?

- Elegí un *lugar para leer*. Decida con anticipación de qué parte de la Biblia leerá. En la sección del VIM, descubrirá algunas herramientas que lo ayudarán en esto. ¿Qué parte de la Biblia leerá?

- Encontré un *compañero de rendición de cuentas*. Pedirle a alguien que lo mantenga fiel a estas citas es un gran estímulo para la fidelidad. ¿Quién será su compañero en la fidelidad?

Los acompañantes practican el VIM

Los acompañantes reclutan a otros para el gran mandamiento, motivándolos y alistándolos para amar a Dios. Sin embargo, antes de reclutar, primero modelamos lo que significa vivir en el amor de Dios y practicarlo. Esta pasión se puede describir en nuestro principio VIM.

- *Visión:* Quiero ayudar a la gente a experimentar el amor de Dios que transforma.
- *Intencionalidad:* Decidiré acompañar a la gente para ayudarla a crecer en su amor por Dios, adorándolo y caminando con él.
- *Medio:* Debo modelar el gran mandamiento. Practicaré un tiempo diario con Dios en su Palabra y oración, usando una de las prácticas en este libro.

Los acompañantes actúan

Ya sea que solo estemos comenzando a amar a Dios o que tengamos una relación madura con él, a veces tenemos que renovar nuestros tiempos con el Padre. Los apéndices A y B, y las Herramientas del acompañante, al final de este capítulo, proveen herramientas prácticas para desarrollar o profundizar nuestras citas con Dios:

Apéndice A—El plan 5x5x5 para leer la Biblia
Apéndice B—Diez formas de recargar su cita diaria con Dios

Lea las Herramientas y ambos apéndices, y elija una medida a tomar esta semana.

Esta semana, yo _____.

Anote su medida a tomar en la Hoja de acción del acompañante (página 123). Asegúrese de escribir un recuerdo breve que le ayude a grabar esta aplicación en su mente y corazón. Puede descargar varios recursos gratuitos para comenzar una cita diaria con Dios en www.elacompanante.com.

Primero lo primero

«Primero lo primero» es un plan sencillo para desarrollar una cita diaria con Dios. Cuando coloquemos el reunirnos con nuestro Padre (lo «Primero») en la parte superior de nuestro calendario, nuestra vida empezará a cambiar. Cinco disciplinas sencillas pueden ayudarle a planear un tiempo con Dios.

Disciplina 1: Renovar. Es fácil perder la perspectiva. Tenemos que renovar y reenfocar nuestro corazón y mente hacia Dios diariamente. Podemos hacerlo al

- admitir las ansiedades y preocupaciones del día;
- confesar cualquier pecado;
- pedirle a Dios que renueve nuestro corazón cuando nos sentimos cansados, aburridos o desmotivados; y
- leer una guía devocional de calidad para encaminar nuestro corazón hacia Dios.

Disciplina 2: Leer. El Espíritu Santo nos da luz y vida al nosotros leer las Escrituras. Cuando enfrentó tentación, Jesús permaneció firme con este principio: «La gente no vive solo de pan, sino de cada palabra que sale de la boca de Dios» (Mateo 4:4). He aquí algunas sugerencias prácticas para leer la Biblia:

- Elija un pasaje para leer antes de comenzar su tiempo con Dios.
- Use un plan de lectura bíblica.
- Dedique tiempo para detenerse y reflexionar.

Disciplina 3: Reflexionar. Debemos hacer una pausa para reflexionar y pensar en lo que hemos leído (Salmo 1:2-3). La meditación es el acto de reflexionar, investigar y hacer preguntas acerca de las Escrituras. He aquí algunas preguntas que lo ayudarán a comenzar a meditar en lo que ha leído en la Biblia:

- ¿Qué descubrí acerca de Dios?
- ¿Qué descubrí acerca de mí mismo?
- ¿Qué descubrí que Dios considera una vida saludable?

- ¿Hay algún mandamiento que deba obedecer o un pecado que evitar?
- ¿Cuál es un pensamiento que pueda extraer de este pasaje para seguir pensando en él?

Disciplina 4: Responder. Respondemos en obediencia a Dios a través de la aplicación práctica. He aquí algunas formas prácticas para pensar en la aplicación:

- Comience con una pregunta: *¿Cómo podría cambiar mi vida si aplicara este versículo?*
- Hágala personal: *¿Cómo se aplica a mí?*
- Manténgala práctica: *¿Hay acciones medibles?*

Disciplina 5: Anotar. A algunas personas les gusta escribir en un diario y anotar sus ideas. Escribir lo que estamos descubriendo y aplicando es un paso más en el proceso de recordar y cambiar. Compre un diario módico o cuaderno con espiral para anotar sus descubrimientos e ideas al vivir en amistad con Dios.

Los acompañantes actúan

¿Cuándo se reunirá con Dios esta semana? _____

¿Dónde pasará su cita con Dios? _____

¿Qué pasaje leerá? _____

¿Qué cosas podrían estorbarlo o distraerlo de pasar tiempo con Dios?

_____

¿Quién lo animará a pasar tiempo con Dios? _____

¿Cuántas citas aspirará tener esta semana? _____

Puede descargar una copia gratuita de «Primero lo primero» en www.elacompanante.com.

CAPÍTULO TRES

EL CAMINO DE LA INTENCIONALIDAD

Los acompañantes piensan en grande, pero tienen pequeños comienzos

*La palabra discípulo aparece 310 veces en el Nuevo Testamento. [...] El Nuevo Testamento
es un libro acerca de discípulos, escrito por discípulos y para discípulos de Jesucristo.*

DALLAS WILLARD

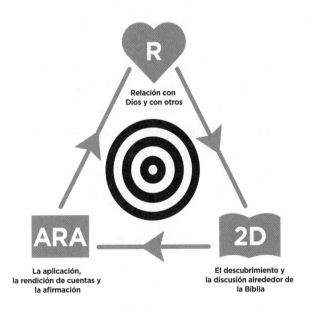

A DIOS LE GUSTA REVERTIR el orden de las cosas. ¿Quiere liderar? Entonces elija la vida de
un siervo. ¿Quiere vivir? Entonces tiene que morir. ¿Quiere impactar al mundo? Entonces
comience pequeño. Dios se deleita en la pequeñez. Su reino es como una semilla de mos-
taza, una moneda extraviada o una oveja perdida. Jesús pensó en grande en cuanto al
mundo, pero tuvo un comienzo pequeño, solo con doce hombres. Marco y Serena apren-
dieron esta lección al dirigir su iglesia.

A través de la oración y el trabajo de un asesor profesional, la iglesia del pastor Marco
experimentó una llamada de atención. «Para que su iglesia crezca, tiene que iniciar
un trabajo agresivo para discipular a sus adultos», escribió el asesor. El discipulado era
un concepto familiar pero vago para Marco. Él sabía que la palabra se usaba repetidas
veces en los Evangelios, pero tenía que admitir que nunca había hecho un discípulo. El
seminario no le dio esa clase de preparación. Al buscar ayuda, se aferró a *Los caminos*

del acompañante y reclutó a otros para que lo estudiaran. Uno de esos miembros fue su esposa, Sharon.

De regreso a casa una noche, después de estar con un grupo pequeño, Sharon compartió una revelación transformadora. «¿Sabes algo? No podremos hacer que nuestra iglesia crezca hasta que nos hagamos pequeños». ¿Qué quería decir con eso? Sharon había captado el principio de que hacerse pequeño significaba invertir en la gente de manera relacional. Hay algo en ver a la gente a los ojos a través de una amistad que no se puede lograr solamente detrás de un púlpito. Hacerse pequeño significaba acompañar a la gente para estimular la aplicación, amar a través de la rendición de cuentas y bendecir con la afirmación. Ella se percató del principio básico de Jesús: los acompañantes piensan en grande, pero tienen pequeños comienzos.

El método de Jesús de la intencionalidad va en contra de nuestros estándares acostumbrados de éxito. Conforme su ministerio progresaba, él pasaba más tiempo con los doce que con las multitudes. Seamos sinceros: nos emocionamos más por la cantidad de personas que asisten a una reunión que por la cantidad de personas que viven como seguidores de Jesús. Pero menos es más en el método de ministerio de Jesús. Él sabía que el discipulado no se lleva a cabo con muchos, sino con pocos y con uno. ¿Está preparado para pensar en grande al intencionadamente comenzar pequeño?

Los acompañantes aprenden de Jesús

Lea Marcos 3:7-19 y reflexione en las siguientes preguntas.

1. ¿Cómo describiría la respuesta del público al ministerio de Jesús?

2. Marcos escribe que Jesús nombró a doce que «lo acompañarían» y luego él los «enviaría a predicar» (versículo 14). ¿Por qué cree que él adoptó la estrategia de invertir en un grupo pequeño para cumplir su misión de enviarlos a predicar?

3. Imagínese como uno de los doce. ¿Cómo experimentaría estar «con» Jesús en este grupo selecto? ¿Qué recuerdos podría tener que las multitudes no podrían compartir nunca?

4. Considere el principio VIM de Marcos 3:13-14.

- ¿Cuál era la visión de Jesús para los doce?

- ¿Cuál fue su elección intencionada?

- ¿Qué medios eligió para lograr su visión?

Los acompañantes piensan en grande, pero tienen pequeños comienzos

5. Lea Mateo 28:16-20. Visualícese como uno de los discípulos con Jesús. Ir a todas las naciones habría desafiado a este pequeño grupo de once hombres. Bruxy Cavey escribe:

> El mensaje de Jesús del amor de Dios era radicalmente inclusivo en un mundo donde las religiones eran todo lo contrario.
>
> Las religiones antiguas eran tribales, estaban definidas por límites étnicos y políticos. Todas las distintas etnias, nacionalidades y ciudades-estados adoraban a su propio dios o dioses. No es de sorprender que estas deidades apoyaran los programas culturales y políticos de los grupos particulares a los que pertenecían[1].

Con este contexto, ¿qué cree que pasó por la mente de los discípulos cuando Jesús les encargó que fueran a todas las naciones?

6. De todas las cosas que nuestro Señor pudo haber dicho en sus instrucciones finales, ¿por qué cree que hizo énfasis en hacer más discípulos?

7. En *The Master Plan of Evangelism* (*Plan supremo de evangelización*), Robert Coleman provee revelaciones adicionales de la instrucción de Jesús:

> *Las palabras «vayan», «bauticen» y «enseñen» son participios que derivan su fuerza del único verbo que controla «hacer discípulos». Esto quiere decir que la gran comisión no es simplemente ir a lo último de la tierra a predicar el evangelio (Marcos 16:15), ni bautizar a muchos conversos en el Nombre del Dios Trino, ni enseñarles los preceptos de Cristo, sino «hacer discípulos»*[2].

¿Qué idea da Coleman acerca del significado central de los versículos 18-20?

8. El autor Bill Hull escribe: «"Ir" [...] podría entenderse como "mientras van". Por lo tanto, mientras va por la vida, ya sea que viaje o que viva en un lugar fijo, este trabajo es para usted»[3]. ¿Qué revelaciones le agrega esta declaración al imperativo de hacer discípulos?

9. ¿Recuerda cómo estamos cambiando los cuadros que cuelgan en nuestra mente? En este momento, ¿cómo describiría su imagen mental de la gran comisión? Marque las que más se apliquen.

_____ Nunca podría verme haciendo discípulos.

_____ Creo que podría hacer discípulos, pero verdaderamente carezco de confianza.

_____ Me gustaría hacer discípulos, pero necesito un poco de crecimiento adicional.

_____ Me gustaría hacer discípulos, pero necesito un poco de preparación adicional.

_____ ¡Estoy listo para ir y hacer discípulos!

10. Lea Mateo 28:16-20 otra vez. ¿Cómo describiría el estado emocional de los discípulos cuando vieron a Jesús en la montaña? ¿Qué pensamientos cree que llenaban su mente?

Jesús atendió sus preocupaciones colocando «hitos» alrededor del mandamiento de hacer discípulos. Un hito fue su afirmación: «Se me ha dado toda autoridad». El segundo hito fue su promesa: «Estoy con ustedes siempre». En ninguna otra parte hace él estas afirmaciones en cuanto a una orden.

- ¿Cómo pueden ayudarnos estas dos garantías a enfrentar nuestros temores e inquietudes al hacer discípulos?

- ¿Qué pueden hacer para cambiar nuestra imagen mental de hacer discípulos?

Dios es el acompañante supremo

11. Nuestro Señor no nos deja solos al hacer su voluntad. Él es el acompañante supremo y nos acompaña. Describa, según los siguientes pasajes, cómo nos acompaña nuestro Padre.

- Salmo 34:18

- Isaías 41:10

- Isaías 57:15

- Mateo 1:23

12. Dé un ejemplo de cómo lo acompañó a usted el Señor en algún tiempo de necesidad.

13. ¿Cómo puede ayudarle la comprensión de que Dios es un acompañante a ser un acompañante que discipula a otros?

Los acompañantes tienen una imagen clara de un discípulo

¿Sabía que a los primeros seguidores de Jesús se les llamó gente «del Camino» antes de que fueran llamados cristianos (Hechos 9:2)? Todo comenzó con el pronunciamiento de Jesús en Juan 14:6, cuando se refirió a sí mismo como «el camino, la verdad y la vida». Jesús imaginaba su vida, más que como un camino (medio) para la salvación, como una forma (estilo) de vida. Cuando le pedimos a alguien que «vea la forma en la que hago esto» o que «lo haga a mi manera», le describimos un modelo (o una «forma») de hacer las cosas. Cuando Jesús nos invita a seguirlo como sus discípulos, él nos está invitando a una forma de vida. Aquellos que se identifican con Jesús como sus discípulos tendrán una cierta manera de ser.

Un discípulo en el Nuevo Testamento es principalmente un «seguidor», «imitador» o «aprendiz»[4]. Cuando un rabino le pedía a alguien que lo siguiera, era más que una relación casual. Era un compromiso intencionado de aprender de un maestro. En el uso que Jesús hace de la palabra, significaba una decisión por parte del aprendiz de permitir que sus enseñanzas formaran y transformaran su vida. Practicar las enseñanzas de Jesús se traduce en una forma de vida. El discipulado describe una búsqueda para toda la vida de aprender y vivir intencionadamente los caminos de Jesús aquí y ahora.

14. ¿Cree que cada creyente es un discípulo de Jesús automáticamente? ¿Por qué sí o por qué no?

15. ¿Qué imagen mental tiene de un discípulo de Jesús? Escriba una descripción sencilla de un discípulo.

Un cuadro claro de un discípulo colgaba en la mente de Jesús. Esta imagen formaba un blanco para su ministerio. Jesús no dejó el llamado de hacer discípulos al azar, sino que intencionadamente enfocó su energía en una imagen de madurez. Sin un blanco, lanzamos nuestras flechas de discipulado al azar y no damos en él.

16. ¿Cuáles son los caminos de los discípulos de Jesús? Lea los siguientes grupos de versículos y resuma en una o dos oraciones los caminos de un discípulo. Se le muestra el primero. Disfrute el desafío de descubrir la imagen de Jesús de un discípulo.

- Mateo 22:37 / Filipenses 3:8: *El camino de un discípulo es amar a Dios con todo mi ser, colocando este amor por encima de todo lo demás.*

- Lucas 9:23 / Gálatas 2:20

- Juan 13:34-35 / Hebreos 10:24-25

- Juan 8:31-32 / 2 Timoteo 3:16-17

- Mateo 4:19 / Romanos 1:16

- Lucas 11:1 / Filipenses 4:6-7

- Juan 14:21 / Lucas 6:46

- Mateo 25:37-40 / Hechos 20:35

17. Basándose en estas ideas, escriba una descripción de dos o tres oraciones sobre un discípulo.

   ¿Cómo es esta segunda descripción similar/distinta a su primera descripción de un discípulo en la pregunta 15?

Revise los apéndices F y H para más revelación en la descripción de un discípulo.

Los acompañantes piensan en las generaciones

Dios influye en el mundo a través de la vida de las personas. El Nuevo Testamento está salpicado de personalidades individuales que influyeron en otros para Cristo: la mujer en el pozo, el hombre endemoniado, el miembro del concilio gobernante o el equipo de marido y mujer que hacían tiendas. Un principio bíblico sencillo es que cada creyente tiene el potencial de influir en otros para Cristo. Esta influencia a menudo se ilustra en las generaciones. Así como una generación física se encuentra en los hijos, nietos y bisnietos, de igual manera, Dios nos usa para «dar a luz» a nuevos creyentes: hijos espirituales que dan a luz a otros hijos espirituales, y así sucesivamente. Nuestro objetivo son las generaciones espirituales, discípulos que hacen discípulos y transmiten el camino de Cristo de una generación espiritual a otra. El crecimiento de la iglesia se convierte en un proceso de multiplicación en lugar de suma.

18. Lea el Salmo 78:4-8. Observe las generaciones que se ilustran en este pasaje.

   nuestros antepasados › sus hijos › la siguiente generación › sus hijos

   ¿Por qué cree que el autor se enfoca en las generaciones futuras y no solo en la generación actual?

19. Lea Juan 17:6, 20-23. Jesús oró por más que solo la generación de los doce. ¿Qué puede aprender acerca de las generaciones espirituales en la oración de Jesús?

20. Lea 2 Timoteo 2:2. El apóstol Pablo tenía a las generaciones en su corazón cuando se acercaba al final de su vida. ¿Qué puede usted aprender acerca de las generaciones en sus palabras a Timoteo? ¿Cuántas generaciones espirituales se describen en este pasaje?

Cuando ministramos como acompañantes, vemos al mundo a través de personas individuales. Si no estamos desarrollando calidad en la vida de la gente, ¿qué le ocurrirá a las generaciones futuras?

En su libro *Transforming Discipleship* (El discipulado transformador), el autor Greg Ogden afirma que cualquier definición de discipulado debe incluir el concepto de la reproducción. Él cita a Gary Kuhne cuando dice: «El multiplicador es un discípulo que prepara hijos espirituales para que se *reproduzcan*», y luego describe el poder de la multiplicación: si un evangelista ganara a una persona por día para Cristo durante dieciséis años, habría 5840 decisiones por Cristo. Sin embargo, si esa misma persona decidiera discipular a una persona por año, y luego ellos dos acordaran discipular a una persona cada uno el año siguiente, y luego estos cuatro discipularan a otros cuatro, esto se multiplicaría a 65.536 seguidores de Cristo. Es crucial para este proceso de multiplicación la inversión en una calidad de vida y no en un converso[5]. Los acompañantes creen en el poder de la multiplicación.

Los acompañantes practican el VIM

- *Visión:* Quiero colaborar con Dios en su gran comisión.
- *Intencionalidad:* Daré pasos para identificar a alguien a quien acompañar, para ayudarlo a crecer como discípulo.
- *Medio:* Quiero comenzar con una claridad de compromiso. Escribiré mi compromiso con la gran comisión en un párrafo.

Los acompañantes actúan

¿Por qué querría dedicar su vida a cumplir la gran comisión? Escriba un párrafo breve que describa su compromiso de hacer discípulos.

Resuma este párrafo en una frase memorable y escríbala en la Hoja de acción del acompañante.

HERRAMIENTAS DEL ACOMPAÑANTE

Selección

TRES CÍRCULOS ILUSTRAN el ministerio de Jesús. Su círculo externo era su círculo de *interés*. Esto incluía a las multitudes que absorbían con entusiasmo su enseñanza (Mateo 9:35-36). El siguiente círculo, ocupado por los setenta y dos, era su círculo de *influencia* (Lucas 10:1). El círculo interno era el círculo de *inversión*: estos eran los doce discípulos (Marcos 3:13-14). Jesús invirtió en los doce usando la herramienta de la *selección*.

Como acompañantes, debemos elegir sabiamente a los hombres y las mujeres en quienes invertiremos. Esto parece favorecer a algunos por encima de otros, pero la realidad es que todos tenemos tiempo y energía limitados. Podemos estar preocupados por muchos e influir en varios, pero solo podemos invertir en unos cuantos.

El autor Robert Coleman enseña que la selección fue un imperativo de la estrategia del ministerio de Jesús: «La necesidad es clara, no solo de elegir a unos cuantos ayudantes, sino también de mantener el grupo lo suficientemente pequeño como para poder trabajar con ellos de una forma efectiva»[6]. ¿En quién invertimos? Invertimos en gente FIADA.

- *F—fiel.* ¿Demuestra esta persona fidelidad al seguir a Cristo?
- *I—iniciativa.* ¿Esta persona toma la iniciativa para crecer, o solo responde cuando se le pide?
- *A—abierta.* ¿Demuestra esta persona una apertura a Dios y a los demás para el cambio, o se resiste al aprendizaje?

- *D—disponible.* ¿Está disponible esta persona para participar en relaciones y eventos que estimulan el crecimiento y la adoración espiritual?
- *A—amor.* ¿Tiene esta persona un corazón para Dios? ¿Habla abiertamente de su amor por el Señor?

¿Dónde encuentra a estos hombres y mujeres? Dios ha poblado su vida con gente en un viaje de discipulado. Esta gente está tanto dentro como fuera de las paredes de su iglesia local. Las personas que están dentro de las paredes podrían ser

- miembros de un grupo pequeño,
- amigos de la escuela dominical,
- amigos en los equipos de ministerio de la iglesia,
- miembros de las células o grupos de hogar y
- miembros de la familia.

Muchas veces, el pastor o líder de ministerio de su iglesia local ha identificado a personas que quieren crecer como discípulos. Consulte con su pastor o líder de ministerio para encontrar más gente.

Usted también tiene oportunidades de acompañante potencial fuera de la iglesia. ¿Hay creyentes en cualquiera de las siguientes categorías a quienes usted podría reclutar para seguir a Jesús?

- vecinos
- compañeros de trabajo
- excompañeros de la secundaria o universidad
- amigos de un gimnasio, club social, etc.
- miembros de la familia

Antes de elegir a los doce, Jesús pasó la noche en oración. No es una decisión que se toma a la ligera. Deténgase y pídale al Señor que lo guíe hacia gente FIADA para invitarla a los tres distintos círculos de gente de su vida (lo que nosotros llamamos su trío de discipulado). En oración, tenga una lluvia de ideas y anote a varias personas que podría invitar. Escriba sus nombres y comience a orar por ellas por nombre. Al final de la preparación del acompañante, usted estará pidiendo reclutar su trío de discipulado. Estos hombres o mujeres podrían ser la gente FIADA a quienes invitar.

- _____
- _____
- _____
- _____
- _____

CAPÍTULO CUATRO

EL CAMINO DE LA ORACIÓN

Los acompañantes colaboran con Dios a través de la oración

Hablar con los hombres acerca de Dios es algo grande, pero hablar con Dios acerca de los hombres es aún mejor.

E. M. BOUND

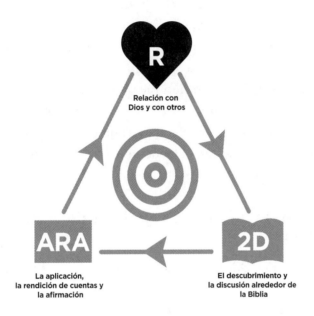

R

Relación con
Dios y con otros

ARA

La aplicación,
la rendición de cuentas y
la afirmación

2D

El descubrimiento y
la discusión alrededor de
la Biblia

LAS NOCHES DE VERANO son cálidas en Lafayette, Indiana. Mi amigo Dan y yo las experimentamos cuando vivíamos en un pequeño departamento en el tercer piso de una casa grande, ¡sin aire acondicionado! Pasé muchas noches sudando y oyendo cómo traqueteaban las paredes cuando el tren pasaba rápidamente por el vecindario. Además del calor y del ruido, el verano estuvo marcado por una decisión personal transformadora.

Dios usó una pequeña biografía para marcar mi vida. *Hudson Taylor and Maria* (Hudson Taylor y María) cuenta la historia de Hudson Taylor, un misionero del siglo XIX pionero en la China. Taylor comenzó su trabajo en China orando por un misionero para cada una de las provincias de China. Él creyó en Dios teniendo un comienzo pequeño: ocho hombres y mujeres para alcanzar a millones de chinos.

Estimulado por este ejemplo, tomé una decisión sencilla. Arrodillado al lado de mi cama, en ese cálido apartamento del tercer piso, le pedí a Dios una persona al año a quien discipular por el resto de mi vida. Dios no me ha decepcionado. Él ha respondido a mi compromiso de oración anual más allá de mis sueños más grandes. Durante años y años, él ha traído hombres a mi vida, de quienes puedo ser acompañante.

Este compromiso sencillo me enseñó una lección importante: los acompañantes están convencidos de que la oración avanza la gran comisión. La oración llena de fe quita nuestros ojos de nosotros mismos y los eleva al plan de Dios. La oración nos enseña que la transformación es una obra de Dios, no de nuestras habilidades o técnicas. La oración constante coloca nuestra confianza en el Espíritu Santo y no en nuestros programas. La oración fue el sello distintivo de la vida y el ministerio de Jesús.

Nuestro maestro hacedor de discípulos comenzó su ministerio pasando la noche en oración antes de elegir a los doce hombres que serían sus compañeros más cercanos (Lucas 6:12-13). Este compromiso a orar marcó el inicio y el final del ministerio de Jesús (Marcos 1:35; 14:32). La oración fue uno de sus temas de enseñanza más comunes (Mateo 6:5-13) y es la única disciplina espiritual sobre la cual los discípulos pidieron instrucción (Lucas 11:1). El ejemplo de oración de Jesús establece el ritmo para nosotros. Como acompañantes, colaboramos con el Espíritu Santo a través de la oración.

Los acompañantes recurren a los modelos de Jesús y del apóstol Pablo

1. Jesús a menudo se retiraba de un horario exigente para orar. En muchas ocasiones, esta oración tenía que ver con los doce hombres que él estaba discipulando. Lo siguiente es una pequeña selección de versículos de la vida de oración de Jesús. Basándose en los pasajes, ¿qué observaciones puede hacer en cuanto a la importancia y el tema de la oración en el ministerio de Jesús?

   • Mateo 14:22-23

   • Marcos 1:32-35

   • Lucas 6:12-15

- Juan 17:9

- Juan 17:20

2. Dadas las exigencias del horario de Jesús, ¿qué inconveniencias u obstáculos cree que tuvo que vencer para orar?

3. Nosotros también enfrentamos inconveniencias u obstáculos para la oración. ¿Qué podemos aprender de la vida de Jesús que nos ayudará a ser fieles en orar por otros?

Jesús fue un acompañante de Pedro, no solo en entornos públicos, sino también detrás del telón en el ministerio de la oración. Lea Lucas 22:31-34 y responda las siguientes preguntas de meditación.

4. Jesús hablaba de un desafío futuro en la vida de Pedro. Describa este desafío futuro que fue el tema de la oración. (Complemente su lectura de Lucas 22:31-34 leyendo un relato similar en Marcos 14:27-31).

¿Qué revela esta conversación sobre el papel de la guerra espiritual en nuestra vida y el poder de la oración para vencerla?

5. Por fe, a través de la oración, Jesús tenía una expectativa confiada en cuanto al resultado de la prueba de Pedro. Este resultado deseado se puede encontrar en Juan 21:15-19. Describa este resultado de Juan 21.

¿Cree que Pedro hubiera experimentado este éxito si Jesús no hubiera orado?

6. ¿Qué puede aprender del ejemplo de Jesús en cuanto a cómo orar por la gente?

7. Lea Juan 17:13-19. ¿Qué pidió en oración Jesús para sus discípulos? Complete la siguiente lista:

   • Que estuvieran llenos de la alegría del gozo de Jesús

   • Que no los quitara del mundo

   • Protección del maligno

   • _____

   • _____

Basándose en este pasaje, ¿cómo describiría la motivación de Jesús para la oración?

Usando el ejemplo de Jesús, ¿por qué cosas puede orar en cuanto a la gente que discipula?

8. ¿Cómo completaría la siguiente oración? «Como acompañante, estoy motivado a orar porque...»

9. El apóstol Pablo también estuvo comprometido con la oración. ¿Qué aprende de su vida de oración en Efesios 1:15-16 y Colosenses 1:9?

10. Considere las oraciones de Pablo por los creyentes efesios en Efesios 1:15-19 y 3:14-19. Basándose en estas dos oraciones, desarrolle una lista de todas las cosas que Pablo pidió para estos hombres y mujeres.

Los acompañantes oran «macrooraciones»

Cuando examinamos las oraciones de Jesús y Pablo, vemos cómo oraban «macrooraciones». Estas macrooraciones se enfocaban en la protección del maligno, en experimentar alegría, en corazones iluminados o en el verdadero conocimiento de la esperanza de Dios. Las macrooraciones elevan nuestra fe a las cualidades eternas que Dios quiere desarrollar en nuestra vida. Se refieren al carácter y no solo a una condición momentánea. Esto es un contraste con las «microoraciones», en las que nos enfocamos a menudo, como una enfermedad actual o la provisión de un trabajo. Las microoraciones son, a menudo, condiciones actuales y, a veces, temporales. Aunque el Señor estimula y responde a esas microoraciones, debemos aprender de los ejemplos de Jesús y Pablo para enfocarnos en orar macrooraciones.

11. ¿Cómo podría convertir las siguientes microoraciones en macrooraciones?

- «He perdido mi trabajo. Por favor, ore por un empleo».

- «Mi hermano fue herido en un accidente automovilístico. Por favor, ore por su curación».

- «Mi hija tendrá un examen muy importante en la escuela. Ore por una buena memoria».

12. Resuma sus hallazgos en la oración en el siguiente cuadro.

¿Cuándo debo orar?	
¿Por qué debo orar?	
¿Cómo debo orar?	
¿Qué debo orar?	

Los acompañantes practican el VIM

- *Visión:* Quiero incorporar macrooraciones en mi vida de oración.
- *Intencionalidad:* Transformaré las microoraciones en macrooraciones.
- *Medio:* Conscientemente, convertiré las necesidades «micro» de oración en peticiones «macro» de oración.

Los acompañantes actúan

He aquí algunas formas posibles de colaborar con el Espíritu Santo en la oración.

- *Haga un plan.* Las peticiones de oración se pueden anotar en tarjetas 3x5 (o A7), en un planificador diario o en su teléfono inteligente. ¿Qué plan personal usará para anotar las peticiones de oración?
- *Aparte un tiempo y lugar.* Puede orar por la gente mientras viaja al trabajo, hace ejercicio o saca a su perro a caminar. ¿Cuándo y dónde orará por la gente?
- *Solicite peticiones de oración regularmente.* ¿Cuáles son los asuntos de oración más actuales de la gente a la que está discipulando?

Piense en oración cómo podría usar una de estas ideas.

Esta semana que viene, yo voy a _____
_____.

Transfiera esta aplicación a la Hoja de acción del acompañante.

HERRAMIENTAS DEL ACOMPAÑANTE

Una estrategia de oración

Cuando Eric me mostró su diario de oración, sentí que estaba viendo el más sagrado de los libros. Tímidamente, me señaló la anotación resaltada y dijo: «¿Ves eso? Anoté tu petición de oración en rojo. Ahora puedo anotar la respuesta en verde. Así es como llevo mi diario de oración, anotando las peticiones en rojo y las respuestas en verde».

Eric estaba motivado a orar. Aunque tan solo unas cuantas personas veían su diario, era un recurso invaluable para su vida de oración. El diario era un *medio* para su *visión* de oración intercesora.

Me he dado cuenta de que un diario de oración es un medio útil para interceder fiel y regularmente por la gente. Algunos, como mi amigo Bill, usan una colección de tarjetas 3x5 (o A7) para interceder. Cualquiera que sea la forma, la intención es orar fiel y regularmente por la gente. Como acompañantes, necesitamos una estrategia para orar.

La eternidad está en riesgo en la vida de los hombres y mujeres que acompañamos. Si se nos llama a colaborar con Dios a través de la oración, entonces necesitamos una estrategia para orar. He aquí algunas sugerencias para desarrollar una estrategia de oración.

1. Sea fiel. A veces, la cantidad de personas y de responsabilidades es abrumadora. La pura cantidad nos derrota antes de que comencemos. Una acción sencilla es enumerar a toda la gente y las responsabilidades por las que tenemos que orar, y dividir la cantidad total por diez. Esto le permite orar fielmente por esta lista durante diez días o dos semanas. Generalmente, yo dejo un poco de tiempo para ponerme al día los viernes.

2. Ore macrooraciones por su vida. ¿Con qué promesas o pasajes ora por su vida? Una promesa que he orado constantemente es Isaías 43:4: «Entregué a otros a cambio de ti. Cambié la vida de ellos por la tuya, porque eres muy precioso para mí. Recibes honra, y yo te amo». Pídale a Dios que le dé discípulos a quienes acompañar.

3. Ore macrooraciones y microoraciones por su trío de discipulado. Mantenga una lista actualizada de peticiones de oración. Estas son las microinquietudes del trabajo, las finanzas, la familia y demás. Junto con las microoraciones, ore a un nivel macro. Las macrooraciones pueden comenzar con las Escrituras. ¿Con qué pasajes o promesas ora por la gente? He aquí algunos para comenzar:

- Mateo 22:37-39: Que él ame a Dios con todo su corazón.
- Gálatas 2:21: Que ella muera a sí misma y viva para Cristo.
- Mateo 4:4: Que él ame la Palabra de Dios.
- 2 Timoteo 2:2: Que Dios multiplique su vida en varias generaciones.

SEGUNDA PARTE

LAS HABILIDADES

CAPÍTULO CINCO

EL CAMINO DE LAS RELACIONES

Los acompañantes desarrollan amistades auténticas

Cuando hablamos de nuestras virtudes, somos competidores;
cuando confesamos nuestros pecados, llegamos a ser hermanos.

KARL BARTH

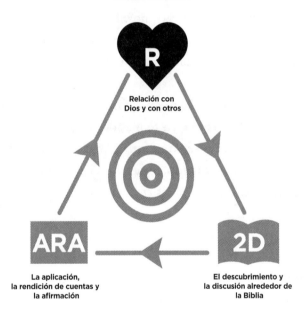

Relación con
Dios y con otros

ARA
La aplicación,
la rendición de cuentas y
la afirmación

2D
El descubrimiento y
la discusión alrededor de
la Biblia

MENTOREAR AL PERSONAL nuevo de Los Navegantes siempre fue emocionante hasta mi conversación con Carlos. Me enorgullecía de mis metas y de mi habilidad de ayudar a esos jóvenes a tener éxito en el ministerio universitario. Carlos fue uno de esos miembros del personal. Nos reuníamos regularmente en un restaurante de comida rápida para hablar de la vida y el ministerio. Yo pensaba que las cosas iban muy bien hasta que recibí la llamada telefónica.

«Bill, ¿podemos vernos para hablar? Tengo algo que quiero compartir contigo».

Quedamos en vernos la semana siguiente. Sentados en nuestro lugar favorito del restaurante, Carlos tomó una servilleta de papel y dibujó dos círculos. En un círculo, escribió «Carlos». En el otro círculo, escribió «Bill». Dibujó una flecha desde el círculo de Carlos hasta el círculo de Bill.

«Esta flecha representa mi movimiento hacia ti en la relación», dijo.

Después dibujó una flecha de mi círculo que señalaba en dirección opuesta de su círculo. «¡Esta flecha te representa a ti! Siento que quiero ser transparente contigo, pero tú te alejas de mí».

Carlos tenía razón. En lugar de buscar una relación, una en la que yo asumiera interés y preocupación por su vida, yo había asumido el papel del formador competente. Permití que mi posición nos privara de tener una relación. Si yo iba a ser un acompañante para él, necesitaba practicar una mayor autenticidad en nuestra relación, una autenticidad marcada por el amor, la transparencia y la vulnerabilidad.

La autenticidad se experimenta más a menudo en las rutinas y los lugares comunes en los que vivimos, trabajamos o nos divertimos. El autor de Deuteronomio entendía el valor del lugar común. Para que la nación de Israel siguiera los caminos de Dios, ellos necesitaban una visión para plantar verdad en las rutinas diarias:

> Amarás al Señor tu Dios con todo tu corazón, con toda tu alma y con toda tu fuerza. Y estas palabras que yo te mando hoy, estarán sobre tu corazón; y diligentemente las enseñarás a tus hijos, y hablarás de ellas cuando te sientes en tu casa y cuando andes por el camino, cuando te acuestes y cuando te levantes. [...] Y las escribirás en los postes de tu casa y en tus puertas.
>
> DEUTERONOMIO 6:5-7, 9 (LBLA)

«Es en el lugar común —escribe Oswald Chambers— donde no hay testigo, donde no se es el centro de atención, donde nadie presta la más remota atención, que Dios es glorificado»[1]. Los auditorios llenos y los programas exitosos no son prerrequisitos para los discípulos de Jesús. A Dios le encanta obrar cuando conversamos alrededor de la mesa de la cocina, jugamos deportes juntos o compartimos un pasatiempo común. Los acompañantes creen que el discipulado viaja en el vehículo de las relaciones auténticas de todos los días.

Las relaciones, ya sea en grupos grandes, grupos pequeños o uno a uno, son el elemento indispensable para hacer discípulos. Sin embargo, cuando intencionadamente acompañamos a la gente en relaciones auténticas, nuestra vida pronto llega a ser transparente. No podemos ocultar nuestras decepciones y alegrías, nuestros fracasos y nuestras celebraciones. A los acompañantes no se les pide que sean perfectos, pero sí se les llama a ser auténticos, confiando en el Espíritu Santo para demostrar amor, transparencia y vulnerabilidad a otros. Esta autenticidad se encuentra en el aquí y ahora de la familia, los vecinos y las relaciones de la iglesia.

Los acompañantes aprenden del ejemplo de Jesús

Jesús desarrolló relaciones en los lugares comunes de la vida. La mayor parte de su ministerio se llevó a cabo fuera de los entornos religiosos. Fue en lo ordinario de la vida, compartiendo con sus doce compañeros, que nuestro Señor vivió auténticamente, exhibiendo amor, transparencia y vulnerabilidad a los demás. Considere estos acontecimientos compartidos:

- Juan 2:1-11—Jesús asistió a una boda con sus discípulos.
- Mateo 9:10—Jesús y sus discípulos disfrutaron de una cena social en el hogar de Mateo.
- Mateo 13:54—Jesús, con sus discípulos, participó en la adoración pública.
- Mateo 19:13—Jesús, con sus discípulos, disfrutó de la presencia de niños.
- Marcos 1:29—Jesús y sus seguidores visitaron el hogar de un amigo.
- Juan 12:2—Jesús y sus seguidores se quedaron con sus amigas Marta y María.
- Juan 13:2—Jesús compartió la cena de Pascua con sus discípulos.

1. ¿Qué nos dice este diverso conjunto de acontecimientos acerca de cómo desarrollaba relaciones Jesús con la gente que discipulaba?

   ¿Por qué cree que Jesús valoraba estos lugares y acontecimientos comunes?

2. ¿Cuáles son algunos lugares comunes de su vida para desarrollar relaciones? Complete la siguiente lista:

   - Lugar de trabajo

   - Vecindario

   - Grupo pequeño en la iglesia

- Grupos de deportes o pasatiempos

- _____

- _____

3. ¿Por qué son tan cruciales para el acompañante las relaciones que se desarrollan en los lugares comunes? Complete las siguientes observaciones:

- Nos vemos unos a otros como en realidad somos.

- Nos hacemos preguntas importantes unos a otros.

- Reaccionamos a la vida de manera espontánea y natural.

- Descubrimos cómo la informalidad revela nuestros verdaderos valores y creencias.

- _____.

- _____.

4. La gente está ocupada en el siglo XXI. ¿Cómo puede acompañar a gente ocupada para desarrollar amistades? Complete la siguiente lista:

- Podemos comer juntos.

- Podemos ir de compras juntos.

- Podemos realizar un pasatiempo juntos.

- Podemos invitarnos el uno al otro para ayudar con algún proyecto de la casa.

- Podemos ver o jugar deportes juntos.

- _____.

- _____.

En Marcos 3:14, Jesús escogió a doce «para que estuvieran con él» (RVA-2015). En el capítulo 3 discutimos este versículo como parte del proceso de selección de Jesús. También representa un modelo para hacer discípulos. Esta corta frase contiene un principio poderoso del acompañante. El autor Robert Coleman lo describe mejor:

> Él no le pidió a nadie que hiciera algo que él no hubiera demostrado antes en su propia vida, y así, no solo proveyó su viabilidad, sino también su pertinencia en su misión en la vida. [...] Está suficientemente bien decirle a la gente lo que queremos decir, pero es infinitamente mejor demostrarles cómo hacerlo[2].

Los acompañantes no dan instrucciones a distancia. Acompañan a la gente intencionadamente en el salón de clases de la vida, demostrando cómo amar a Dios y vivir la misión. Los acompañantes no solamente le *dicen* a la gente cuál es el camino de Jesús; les *muestran* a otros personalmente cómo vivir como Jesús. La práctica del principio «con él» se lleva a cabo cuando nosotros

- tenemos un tiempo a solas con alguien en lugar de decirle cómo tener un tiempo a solas
- hacemos el estudio bíblico con alguien en lugar de exhortarlo a que haga un estudio bíblico
- lo invitamos o la invitamos a ver cómo nos relacionamos con nuestro cónyuge, hijos o compañero de cuarto, en lugar de solamente explicar el valor de las relaciones

5. ¿Qué otros ejemplos del principio «con él» podría dar?

Los acompañantes reclutan otras relaciones

Aunque hacer discípulos a menudo se visualiza como un juego de dos, donde una persona ayuda a otra, Dios pretende que la gran comisión sea un deporte de equipo. En una iglesia o un ministerio local, cada uno de nosotros es un jugador indispensable en el equipo de Dios para ayudarnos los unos a los otros a crecer.

6. Lea Efesios 4:11-16. ¿Cómo debería cada uno de nosotros relacionarse con cada uno de los otros?

7. ¿Cómo nos diseña Dios de manera única a cada uno de nosotros para llevar al cuerpo (todos nosotros) a la madurez (versículos 11-13)?

¿Qué pasa si una parte del cuerpo deja de hacer su parte?

El apóstol Pablo entendía el valor de que cada uno de nosotros contribuya a la vida de los demás. En 1 Tesalonicenses 3:10, él escribió: «Día y noche oramos con fervor por ustedes, pidiéndole a Dios que nos permita volver a verlos y *completar lo que falte en su fe*» (énfasis agregado). En Romanos 1:11-12, Pablo escribió: «Tengo muchos deseos de verlos para impartirles algún don espiritual que los fortalezca; mejor dicho, para que *unos a otros nos animemos* con la fe que compartimos» (NVI, énfasis agregado).

8. Si el ministerio es unidireccional, donde solo una persona está preparada para ministrar a otra, ¿qué podría ocurrir?

9. Considere la red de creyentes con los que se relaciona. ¿Con qué diversos dones, fortalezas y experiencias pueden contribuir para ayudarlo a crecer en Cristo?

¿Cómo puede conectarse con esta red para ayudar a las personas que usted acompaña?

Los acompañantes viven auténticamente con amor, transparencia y vulnerabilidad

El amor es tanto una aceptación incondicional de las personas como una decisión volitiva de buscar el bien supremo de otro. Como lo dijo C. S. Lewis: «El amar como sea es ser vulnerable. Ame cualquier cosa, y su corazón sin duda será estrujado y, posiblemente, roto»[3].

10. Considere Juan 13:1: «Como había amado a los suyos que estaban en el mundo, los amó hasta el fin» (RVR60). Visualícese como uno de los doce discípulos. ¿Cómo cree que hubiera experimentado el amor de Jesús por usted al viajar con él?

11. El amor se puede demostrar con gestos sencillos. ¿De qué maneras pueden amar los acompañantes a la gente que discipulan? Complete la lista:

• Puedo recordar los cumpleaños, aniversarios y demás.

• Puedo llamar, enviar mensajes de texto o correos electrónicos espontáneamente para comunicar aprecio y afirmación.

• Puedo sonreír y describir cuánto me alegra verlo o verla.

• _____.

• _____.

La transparencia es la disposición de exponer mis batallas, temores y problemas personales dentro de la seguridad de una amistad. Jesús exhibió esta cualidad con esta sencilla declaración: «Ustedes han estado conmigo durante mis tiempos de prueba» (Lucas 22:28). «Estar» con alguien es más que observar las preocupaciones personales a distancia. Significa acercarse para apoyar personalmente en tiempos de necesidad. Ser apoyado por alguien más requiere que la necesidad de ayuda se exprese. Para que los discípulos estuvieran con Jesús en sus pruebas, él primero tuvo que compartir las tentaciones que enfrentaba (Hebreos 4:15): ¡las tentaciones que todos enfrentamos!

12. Si usted fuera uno de los doce, ¿cómo cree que hubiera presenciado la transparencia de Jesús?

13. La transparencia se puede expresar haciendo declaraciones francas. Por ejemplo, usted podría decir: «Hoy me siento triste y desanimado». ¿Qué otras declaraciones francas de usted mismo podría hacer?

14. ¿Cree que haya límites al grado de transparencia que debemos exhibir con otros? Explique su respuesta.

La vulnerabilidad va un paso más allá de la transparencia. *La vulnerabilidad hace más que compartir necesidades o heridas. Invita a la gente a mi vida para que me ayude apoyándome, animándome o corrigiéndome en tiempos de necesidad.*

Jesús demostró su vulnerabilidad de diversas formas. He aquí un ejemplo:

Se llevó a Pedro y a los hijos de Zebedeo, Santiago y Juan, y comenzó a afligirse y angustiarse. Les dijo: «Mi alma está destrozada de tanta tristeza, hasta el punto de la muerte. Quédense aquí y velen conmigo».

MATEO 26:37-38

15. ¿Qué puede aprender de la vulnerabilidad de Jesús basándose en sus pruebas en Getsemaní en Mateo 26?

16. Decidimos ser vulnerables cuando pedimos ayuda. Pedir ayuda podría incluir lo siguiente. Complete estos ejemplos:

  • Necesito consejo para educar a mis hijos.

  • Quiero saber cómo lidiar con un compañero de trabajo exasperante.

  • Batallo con amar a mi cónyuge.

  • _____.

  • _____.

Los acompañantes entran en la historia de vida de otros

Cuando entramos auténticamente a la vida de otra persona, descubrimos que nuestra vida es como una buena historia. Las buenas novelas nos absorben con su trama, personajes y acción. Nuestra vida es así. Los personajes principales nos marcan de maneras especiales. Múltiples historias compiten por atención. La temática de Dios cobra vida en nosotros.

Todos tienen una temática de Dios entretejida en su vida. Para algunos, esta historia de fe está escondida, casi oscurecida por la vida. Para otros, es la trama abrumadora. Los acompañantes saben cómo leer con habilidad la temática de Dios de sus vecinos, parientes o compañeros de trabajo. Cuando leemos la historia de fe, descubrimos cómo está obrando Dios. Entonces podemos unirnos y convertirnos en los colaboradores de Dios para el cambio. Sin embargo, como lectores, no irrumpimos en la vida de otra persona. Nos ganamos el derecho de leer la vida de otro. Este derecho se gana a través de la autenticidad: la demostración de amor, transparencia y vulnerabilidad.

¿Cómo puede comenzar a leer la novela de la vida de otro? ¿Cómo puede descubrir la temática de Dios que está presente? Una manera práctica es compartir su historia de fe. Abajo, encontrará una línea recta. En esta línea, marque los acontecimientos y las personas importantes que formaron su crecimiento espiritual. Describa cómo formaron su vida. Si está en un grupo pequeño, que cada miembro del grupo complete un cronograma. Luego compartan su historia con los miembros del grupo o con un amigo. Esto puede convertirse en una herramienta valiosa para desarrollar la autenticidad al acompañar a otro en una relación de discipulado.

|---|

Los acompañantes actúan

¿Ha cambiado su imagen de hacer discípulos como resultado de este capítulo? Describa cualquier cambio. Anote estos cambios en la Hoja de acción del acompañante. También anote el nombre de alguien con quien usted quiera compartir su cronograma:

_____

Los acompañantes practican el VIM

- *Visión:* Las relaciones son esenciales para discipular a otros.
- *Intencionalidad:* Invertiré tiempo y esfuerzo en desarrollar amistades de calidad.
- *Medio:* Usaré el cronograma de la historia de fe con mi grupo pequeño esta semana para desarrollar relaciones auténticas.

HERRAMIENTAS DEL ACOMPAÑANTE

Invertir

INVERTIR EN LAS RELACIONES requiere de tiempo y energía. En el reino financiero, hacemos inversiones en acciones, bonos o propiedades porque creemos que tienen valor y potencial de crecimiento. Invertir en la gente quiere decir dedicarle tiempo y energía a una persona debido a su inherente valor y su potencial para el reino. La inversión ocurre porque creemos en el valor de cada persona. Cuando acompañamos a otros para ayudarlos a llegar a ser discípulos, estamos haciendo una inversión eterna.

El valor de la persona es central en la fe judía y en la cristiana. Ya no se exalta solamente la vida del rey o del guerrero. La Biblia contiene las historias de agricultores y prostitutas, de pastores y hombres de negocios, y ella afirma el valor de cada persona. Abundan los ejemplos de una vida que impacta a otros. Dios prometió bendecir a las naciones a través de un hombre, Abraham. Él usó a un hombre, Moisés, para guiar al pueblo a la Tierra Prometida. A través de una mujer samaritana, muchos llegaron a la fe. Jesús invirtió en un hombre obstinado e impetuoso, Pedro, quien se convirtió en el líder de la iglesia primitiva. El apóstol Pablo invirtió en un hombre, Timoteo, quien invirtió en otros hombres fieles.

Mi mentor John Ed Robertson solía decir que «el discipulado es permanecer con la gente hasta que lo capten». Esta es una definición maravillosa de invertir en las personas: ¡nos quedamos con ellas hasta que lo capten! Esto no se puede hacer desde el púlpito, el salón de clases o con conversaciones de vez en cuando en el vestíbulo de una iglesia. Permanecer con la gente quiere decir invertir tiempo, energía y emoción en su vida. He aquí preguntas que hacerse a sí mismo en cuanto a su nivel de inversión:

- ¿Está lleno mi calendario de tiempo uno a uno con otros?

- ¿He elegido en oración a uno o dos hombres o mujeres en quienes invertir?

- ¿Quiénes son estos hombres o mujeres?

- Cuando paso tiempo con estas personas, ¿tengo un plan para nuestro tiempo juntos?

- ¿Qué tan bien conozco sus alegrías, desafíos o decepciones de cada día?

- ¿Qué aprendí en este capítulo sobre la autenticidad que me pueda ayudar a profundizar en esta relación?

- ¿Trabajo deliberadamente hacia una meta de discipulado o de desarrollo del liderazgo?

CAPÍTULO SEIS

EL CAMINO DE LA PROFUNDIDAD

Los acompañantes profundizan en las relaciones

Nadie puede desarrollarse libremente en este mundo y encontrar una vida plena sin sentirse comprendido por lo menos por una persona. [...] Nadie llega a conocerse a sí mismo por medio de la introspección. [...] Es, más bien, a través del diálogo, al reunirse con otras personas.

PAUL TOURNIER

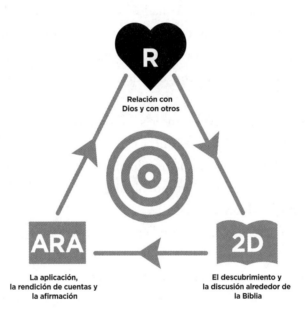

EL CORREO ELECTRÓNICO DE Eric fue una sorpresa agradable. «Bill, voy a estar en la ciudad la próxima semana. ¿Podemos vernos?», preguntaba. Cuando nos vimos para tomar un café, Eric compartió que estaba disfrutando de un «minisabático». Me confió que estaba cansado y que necesitaba unos días de descanso. La sinceridad de Eric se convirtió en el trasfondo de nuestro tiempo juntos y cambió el curso de nuestra conversación.

En las novelas y obras de teatro, mucha de la acción de la historia se lleva a cabo en el prominente primer plano, directamente enfrente del lector o espectador. Sin embargo, a esta acción le da forma un trasfondo, donde la temática y el tono que no son tan obvios, pero son importantes, se ocultan. De la misma manera, cada uno de nosotros tiene un trasfondo en nuestra vida. Creo que el ministerio se lleva a cabo cuando nos conectamos con el trasfondo de las personas.

Cuando nos vemos con un amigo, enseñamos una clase o dirigimos un grupo pequeño, existe un trasfondo. Puede que el amigo que está frente a mí recién haya discutido con su cónyuge, haya experimentado una decepción en el trabajo o se haya alegrado por el éxito de su hijo. Este trasfondo quizás no salga en la conversación, pero está dándole forma a la vida de mi amigo, al menos por el momento.

Es fácil pasar por alto este trasfondo. Cuando lo hago, pierdo la oportunidad de conectarnos de una manera sincera. Profundizar con la gente quiere decir conectarse con el trasfondo de su vida y explorarlo.

Jesús fue un experto en profundizar con la gente. En las conversaciones registradas en los Evangelios, Jesús hacía a un lado lo trillado y rápidamente se trasladaba a los asuntos del corazón. Nunca estaba satisfecho con el *statu quo* de la vida de una persona. Ya sea con un cobrador de impuestos, con un soldado romano o con una mujer samaritana, Jesús profundizaba con las personas, conectando su trasfondo y desafiándolos a un cambio de vida.

¿Cómo lo hacía? Jesús establecía un interés común, sondeaba con preguntas minuciosas y hacía observaciones perspicaces que accedían a los profundos anhelos y heridas de los demás. Nuestro Señor comenzaba sensiblemente con el punto de necesidad de una persona y la desplazaba hacia el cambio. Siguiendo el ejemplo de Jesús, los acompañantes saben cómo profundizar con la gente.

Profundizamos intencionadamente con la gente al vivir una vida auténtica. Con la transparencia llega una gran confianza. Cuando vivimos auténticamente, es más probable que la gente nos dé permiso de entrar en y conectarnos con el trasfondo de su vida. Cuando un amigo nos invita a su trasfondo, nos hemos ganado el derecho de ser un agente de cambio por Cristo.

¿Cómo podemos hacer esto de manera práctica? Al *escuchar* y al practicar *los cinco niveles de comunicación*, acompañamos la historia que Dios está formando en la vida de las personas. Los siguientes ejercicios le enseñarán cómo.

Los acompañantes profundizan al escuchar

1. Lea Santiago 1:19 y Proverbios 18:13. ¿Qué instrucciones dan estos versículos bien?

2. Los siguientes son algunos hábitos buenos y malos de escuchar. Coloque una *X* al lado de los hábitos que más le irriten. Coloque una *V* al lado de los hábitos que son verdaderos en usted (tanto buenos como malos).

____ Él no me da chance de hablar; llego con un problema, y nunca tengo chance de hablar al respecto.

____ Ella me da toda su atención cuando hablo.

____ Él me interrumpe cuando hablo.

____ Ella hace preguntas después de escuchar, en vez de dar respuestas inmediatamente.

____ Él nunca me mira cuando hablo; no sé si me está escuchando.

____ Ella hace contacto visual, repetido y sensible, conmigo cuando hablo.

____ Él juguetea continuamente con un lápiz, papel o algún otro objeto, viéndolo y examinándolo, en lugar de escucharme.

____ Ella usa expresiones faciales para comunicar que está escuchando.

____ Él nunca sonríe. Me da miedo hablar con él.

____ Ella sonríe a menudo, dándome una afirmación que me invita a hablar más.

____ Él a menudo me saca del tema con sus preguntas o comentarios.

____ Ella hace preguntas que me animan a explicarme más.

____ Él descarta mis sugerencias, por lo que he dejado de hacer sugerencias.

____ Él a menudo afirma lo que digo y anima mi conversación.

____ Ella siempre tiene prisa y habla de su día ocupado.

____ Él comunica que tengo toda su atención.

3. Enumere sus fortalezas y debilidades cuando escucha.

4. ¿Cómo puede la calidad en escuchar afectar qué tan profundo llega al discipular a otro?

Escuchar el trasfondo de una persona puede darle mayor revelación de la vida de la persona o ayudarle a identificar un área de crecimiento. Escuchar puede darle perspicacia en las siguientes áreas de la vida:

- ¿Qué oigo acerca de sus relaciones importantes, valores o prioridades?
- ¿Qué oigo acerca de la gente y los acontecimientos que han formado su vida?
- ¿Qué oigo acerca de cómo describe su relación con Dios?

5. Enumere una o dos preguntas adicionales que podría hacer cuando escucha a la gente.

- _____

- _____

Los acompañantes profundizan intencionadamente, un paso a la vez

Las relaciones tendrán la calidad que tenga la comunicación entre la gente. Cuando nos decimos sinceramente quiénes somos —qué pensamos, amamos, detestamos, tememos y soñamos— entonces podemos comenzar a crecer. Esta clase de amistad auténtica se desarrolla un paso a la vez.

LOS CINCO NIVELES DE COMUNICACIÓN

Cuando profundizamos con la gente, entramos en áreas que están debajo de la superficie de su vida. Nuestras actitudes y nuestros actos pueden ser como la punta del iceberg, la porción visible a los demás. Sin embargo, debajo de esta línea, hay una vida más profunda: el lugar donde nuestros motivos, valores y actitudes verdaderos

1. lo trillado
2. la información
3. los juicios/valores
4. los sentimientos
5. la cima

están sumergidos. Los acompañantes caminan con la gente de maneras auténticas, para ir debajo de la superficie en la vida de la gente. Nuestra vida debajo de la línea del agua es donde Jesús quiere transformarnos. ¿Cómo lo hacemos?

Profundizar significa caminar a través de cinco niveles de comunicación[1]. Estos niveles sugieren cómo se pueden desarrollar las conversaciones y las relaciones. Aunque hablaremos de desplazarnos de un nivel a otro, estos niveles en la vida real a menudo son dinámicos. Algunos niveles se saltan, o nos estancamos en otros sin movernos al siguiente.

Los primeros dos niveles representan la mínima cantidad de disposición para darnos a conocer; esta es la punta del iceberg. Los niveles sucesivos y descendentes nos llevan a áreas sumergidas bajo la superficie de la vida de las personas. Se llega a estas áreas a través de los niveles restantes de comunicación.

El nivel 1, *la conversación trillada*, es el nivel más bajo y seguro de comunicación. En las conversaciones trilladas, generalmente no esperamos una respuesta extensa. Son palabras o frases corteses para reconocerse mutuamente. Aunque las conversaciones trilladas son importantes, es fácil quedarse a este nivel con la gente. Las conversaciones trilladas sencillas podrían comenzar con: «¿Cómo le va?» o «¿Qué pasa?».

6. ¿Qué otras frases trilladas usa usted frecuentemente?

En el nivel 2, *la comunicación de información*, decidimos dar información. Ofrecemos pocos comentarios personales sobre estos hechos. Por ejemplo: «Me llamo Jaime y vivo en la calle Webster» o «Trabajo en Richland Manufacturing».

7. ¿Qué otra clase de hechos se intercambian a este nivel?

La comunicación comienza a florecer en el nivel 3, el nivel de *las ideas, los juicios y los valores*. Ahora estoy dispuesto a arriesgarme a decir mis ideas y a revelar algunos juicios y decisiones. Generalmente hay seguridad en la relación mientras pasamos por estos niveles: nos saludamos en el nivel trillado, aprendimos el uno del otro al intercambiar hechos de nosotros mismos y ahora consideramos que es seguro revelar más de nosotros mismos. Nos observamos cuidadosamente para medir la respuesta a estas revelaciones y decidir si profundizaremos o no.

8. He aquí algunos ejemplos de cómo revelar ideas y juicios. Agregue dos o tres ejemplos propios.

- No creo que la música pop sea tan buena como lo fue en los años sesenta.

- Estoy un poco indeciso en cuanto a votar por este candidato político.

- Me parece que los sermones del pastor Juan carecen de imaginación.

- Quisiera que mi esposa usara ese color más a menudo.

- _____.

- _____.

- _____.

El nivel 4, *la comunicación del corazón*, introduce los sentimientos y las emociones. Cuando comparto mis sentimientos, le digo quién soy en realidad. Si le digo solamente el contenido de mi mente, retendré mucho de mí mismo, en especial de esas áreas en las que soy más profundamente yo mismo. Los sentimientos están detrás de nuestras ideas y criterios. Si en realidad queremos llegar a conocernos el uno al otro, compartiremos lo que hay en nuestro corazón así como en nuestra mente.

9. Considere estas declaraciones del nivel 4.

- Me ofende profundamente la letra de la mayoría de la música pop de hoy.

- Temo que los valores de este candidato destruirán nuestro país.

- Creo que es un crimen cómo algunas compañías les pagan mal a sus empleados.

- El pastor Juan me adormece cuando predica.

- Mi esposa es muy sexi cuando usa ese color.

¿En qué se diferencian estas declaraciones de las del nivel 3?

10. ¿Cómo evaluaría las conversaciones del nivel 4 con la gente que discipula?

El nivel 5 es *la comunicación máxima*. Las relaciones profundas y auténticas se basan en la transparencia y la vulnerabilidad. La comunicación del nivel 5 representa la habilidad de ser rápida y constantemente vulnerables y transparentes entre sí. Hemos desarrollado una confianza que nos permite a ambos mirar en el alma del otro. ¿Qué caracteriza la comunicación máxima?

- Sinceramente admito mis fracasos.
- Le pido ayuda a Dios y a los demás.
- Tengo libertad de compartir esta respuesta instintiva porque sé que mi amigo no me va a juzgar.
- Fácilmente nos deslizamos a la comunicación máxima, aunque no nos hayamos visto por algún tiempo.
- Tengo la confianza de que lo que comparta será mantenido en forma confidencial.

11. ¿Qué cree que obstaculiza la comunicación máxima?

12. ¿Qué estimula la comunicación máxima?

Los acompañantes actúan

IDENTIFIQUE A DOS O TRES AMIGOS con los que interactúa regularmente. Describa el nivel de comunicación que se experimenta actualmente. Ahora bien, ¿cuáles son algunos pasos a dar para trasladar esta conversación y relación al siguiente nivel?

Amigo	Nivel de comunicación	Pasos a dar

En la próxima semana, elija un amigo y enumere un paso que puede dar para desplazar la relación al siguiente nivel. Identifique a este amigo y el paso en la Hoja de acción del acompañante.

Los acompañantes practican el VIM

El autor le ha proporcionado varios ejemplos del VIM a lo largo del libro. Ahora, tome un minuto y haga sus propias declaraciones VIM.

- *Visión:* Quiero profundizar con la gente.
- *Intencionalidad:* _____.
- *Medio:* _____.

HERRAMIENTAS DEL ACOMPAÑANTE

C-E-L-O

JESÚS FUE MUY CLARO EN cuanto a una cosa: el amor debe ser la marca distintiva de sus discípulos (Juan 13:34-35). El apóstol Pablo fue muy claro en cuanto a una cosa:

podemos tener el idioma de los ángeles, entender todos los misterios y mover montañas, pero sin amor, eso no es nada (1 Corintios 13). Los tríos de discipulado deben caracterizarse por demostraciones prácticas de amor. En este grupo pequeño, podemos aprender a amar a los demás de maneras prácticas y sacrificadas. Hacemos esto practicando la herramienta de CELO.

C—Conectar con curiosidad. El interés a menudo comienza con una pregunta que surge de la curiosidad acerca de otra persona. Cuando somos genuinamente curiosos, ya no nos enfocamos en nosotros mismos, sino en la otra persona. Hacer preguntas puede ser una de las formas más intensas de expresar respeto e interés. He aquí algunas preguntas de curiosidad:

- Te ves un poco desanimado. ¿Qué pasa?
- Veo que estás un poco atormentado. ¿Qué ocurre?
- ¿Qué está haciendo Dios en tu vida en estos días?
- ¿Cuál es un gran desafío en el trabajo?

¿Qué preguntas de curiosidad puede hacer la próxima vez que su trío se reúna?

E—Estar interesado por las personas de su trío de discipulado. Un trío de discipulado es más que un currículo que completar; son personas a quienes amar. Cuesta interesarse por los demás. El interés ocurre genuinamente solo cuando hago a un lado mi propio interés y me preocupo por los intereses de los demás (Filipenses 2:3-4). El hacer a un lado mi propio interés comienza con observar lo que ocurre en la vida de las personas en lugar de pensar en lo que yo quiero decir. ¿Qué le puede decir sobre lo que en realidad pasa en la mente y en el corazón de alguien el observar sus expresiones faciales, su lenguaje corporal y su atención a la conversación?

L—Llevar el recuerdo de lo que ocurrió en la conversación pasada o en el tiempo juntos pasado. Cuando recordamos lo que es importante para otros o lo que les interesa, decidimos morir a nosotros mismos al poner a los demás en primer lugar. ¿Puede recordar una petición de oración que fue compartida? ¿Un reto personal? ¿Una historia chistosa? ¿Una aplicación significativa? El recordar desafía nuestra atención. Honramos a la gente y amamos a la gente cuando recordamos lo que ocurre en su vida.

O—Obrar. A veces, podemos ser la respuesta de Dios a la oración. El amor se demuestra de maneras prácticas; amamos con obras y en verdad, no solo de palabra o lengua (1 Juan 3:18). ¿Cómo se puede involucrar en la acción? Complete la siguiente lista:

- Dar dinero en secreto si hay necesidad.
- Ofrecer cuidar a los niños para que una pareja pueda salir una noche.
- Apartar tiempo para ayudar en un proyecto de fin de semana.
- Enviar mensajes de texto durante el día, recordándoles su interés.
- _____.

- _____.

Profundizamos con las personas cuando las amamos genuinamente. El amor comienza cuando: elegimos interesarnos, hacemos preguntas, recordamos las preocupaciones y bendiciones, y nos involucramos con acción práctica.

CAPÍTULO SIETE

EL CAMINO DE LA PALABRA

Los acompañantes ayudan a otros a amar y a poner por obra las Escrituras

*Cada día en el cual no penetro más profundamente en el conocimiento de
la Palabra de Dios en la Sagrada Escritura es un día perdido para mí.*

DIETRICH BONHOEFFER

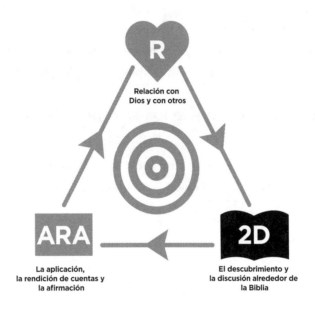

MIS PRIMEROS AMIGOS CRISTIANOS eran fanáticos de la Biblia. Memorizaban la Biblia, leían la Biblia, estudiaban la Biblia y hablaban de la Biblia. Me desafiaban a poner la Palabra de Dios en el centro de mi vida. Siempre parecía haber una Biblia abierta entre nosotros cuando nos reuníamos. Lo que alguna vez fue un libro inútil y pasado de moda se convirtió en mi compañero constante. De pronto estaba yo memorizando la Biblia, leyendo la Biblia, estudiando la Biblia y hablando de la Biblia. Me volví un fanático de la Biblia. Mis amigos me ayudaron a establecer un valor para toda la vida de amar y poner las Escrituras por obra. Este valor continúa en mi vida hoy.

Todavía me emociona una nueva revelación de la Biblia. No importa cuánto la lea, siempre hay más que descubrir. Mis amigos fanáticos me enseñaron que compartir estos nuevos descubrimientos con alguien debe ser una parte natural de la vida. Incluso hoy en día, mi primera pregunta a un amigo a menudo es: «¿Qué te ha enseñado Dios en su Palabra recientemente?».

Tenemos en nuestras manos el medio de Dios para la transformación, la Biblia. Este libro debe estar en el centro de las relaciones de discipulado de un acompañante. Aunque podemos beneficiarnos grandemente con las ayudas para el estudio, los comentarios y los autores de devocionales, no debemos sustituirlos por una experiencia de primera mano de las Escrituras. Los acompañantes aman y ponen a las Escrituras por obra.

El camino de la Palabra fue el camino de Jesús. La Palabra de Dios estaba incrustada en su vida y ministerio. Las Escrituras no eran notas al calce para validar lo que él hacía, sino la fuente de su vida. Jesús puso por obra y amó las Escrituras. Se sometió a su autoridad e hizo uso de la Palabra de Dios para fortalecerse en tiempos de necesidad. Cuando acompañamos a las personas relacionalmente las invitamos a vivir de acuerdo a las Escrituras. Siempre debe haber una Biblia abierta entre la persona que discipulo y yo.

Los acompañantes aprenden de los ejemplos de Jesús y del apóstol Pablo

1. Lea los siguientes pasajes y describa cómo revelan la prioridad, el poder y la autoridad de las Escrituras en la vida y enseñanza de Jesús.

   - Mateo 4:1-11

   - Marcos 7:6-8

   - Juan 5:39-40

   - Juan 6:63

   - Juan 17:17

2. Resuma sus hallazgos completando esta oración: «Las Escrituras fueron fundamentales para la vida y el ministerio de Jesús porque...».

3. El apóstol Pablo vivió de acuerdo a la Palabra. Lea 2 Timoteo 3:16-17. ¿Qué enseña Pablo acerca de la autoridad de la Palabra de Dios y su impacto en nuestra vida?

Cómo ilustrar el impacto de la Biblia

El camino a una vida recta

El ministerio de *enseñanza* de las Escrituras nos encamina para vivir una vida recta. Periódicamente, nos salimos del camino y necesitamos una *reprimenda* para hacernos ver nuestro error. Entonces el Espíritu Santo nos acompaña, a través de las Escrituras, y *nos corrige*, mostrándonos cómo volver al camino. El *adiestramiento* es el ministerio de la Biblia para mantenernos en el camino.

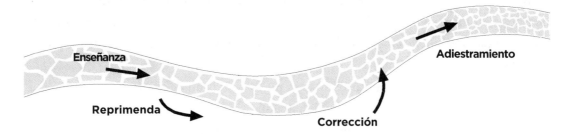

4. Hebreos 4:12 describe el poder de la Palabra de Dios en nuestra vida. ¿Qué puede observar de cómo nos ministra su Palabra?

Describa un incidente de su vida en el cual vio la realidad de Hebreos 4:12 obrando.

5. ¿Qué actitudes o acciones podrían inhibir Hebreos 4:12 en su vida?

¿Qué actitudes o acciones podrían fomentar que Hebreos 4:12 obre en su vida?

6. Según los pasajes sobre los cuales ha reflexionado, complete la siguiente oración: «Creo que la Biblia es esencial para discipular a otros porque...».

Los acompañantes manejan las Escrituras

Una forma de ilustrar la vida en la que la Palabra de Dios se ama y se pone por obra es viendo nuestras manos. Nuestra «mano» exhibe cómo llegar a manejar la Biblia a través de oírla, leerla, estudiarla, memorizarla y meditarla. El dedo pequeño representa *oír* la Biblia. Oír es importante, pero como menos retenemos algo es oyéndolo. El siguiente dedo representa *leer*. Este dedo es más grande que el primero porque recordamos más de lo que leemos que de lo que oímos. Sin embargo, todavía hay una mejor manera. Nuestro dedo medio representa lo que *estudiamos*. Estudiar da una tasa de retención mayor que oír o leer. Pero hay más. El cuarto dígito de nuestra mano representa *la memorización de las Escrituras*. Retenemos el 100 por ciento de lo que recordamos.

Pero ¿qué del pulgar? El pulgar representa nuestra decisión de *meditar* en la Biblia. La meditación, según el salmista, es el medio para una vida transformada (Salmo 1:2-3). Así como el pulgar tiene la habilidad de tocar a todos los demás dedos, la meditación puede aplicarse a lo que oímos, leemos, estudiamos y memorizamos. Cuando se emplean los cinco dedos, tenemos un «manejo» sólido de la Biblia.

7. ¿Cómo está su manejo de las Escrituras? Califíquese con 100 (excelente), 80 (bien), 70 (suficiente), 60 (aprobado) o 50 (reprobado) al lado de cada una de las siguientes declaraciones. Al final de la evaluación, desarrolle una calificación total de su vida en las Escrituras.

____ Escucho regularmente a alguien que tiene la habilidad de enseñar las Escrituras.

____ Invierto tiempo de manera regular en leer la Biblia.

____ Memorizo porciones selectas de las Escrituras.

____ Aparto tiempo para hacer preguntas y meditar en la Biblia.

____ A menudo hago aplicaciones prácticas de lo que leo o estudio.

____ Participo en un grupo pequeño de estudio bíblico.

____ Exploro nuevos métodos para meditar en las Escrituras.

____ Regularmente pienso en cómo la Biblia se aplica a mi vida diaria.

____ Planeo tiempo para el estudio bíblico personal en mi calendario.

Mi calificación total: ____

8. ¿Cómo evaluaría sus fortalezas y debilidades en saturar su vida con la Biblia?

9. ¿Cómo calificaría la importancia de la Biblia en la vida de la gente que discipula?

Los acompañantes practican decir la verdad

Cuando acompañemos a otro para ayudarlo a seguir a Cristo, tendremos tanto que amar como que decir la verdad. Decir la verdad es un ministerio difícil, pero esencial, para un acompañante. Puede significar identificar el pecado, advertir sobre un cambio de comportamiento o actitud, o ser una bendición que da afirmación. Cuando amamos a las personas, estamos dispuestos a ser veraces con ellas, y ellas con nosotros. Para el acompañante, decir la verdad no tiene que ver con preferencias y prácticas personales, sino con principios de la Biblia.

En las Escrituras, el amor, la gracia y la bondad a menudo se comparan con la verdad y la instrucción. El escritor de Proverbios describe la comparación de esta manera:

La misericordia y la verdad nunca se aparten de ti;
átalas a tu cuello,
escríbelas en la tabla de tu corazón.

PROVERBIOS 3:3 (LBLA)

El apóstol Juan describió la vida de Jesús como una vida que se vivió con esta tensión de amor y verdad:

Y el Verbo se hizo carne, y habitó entre nosotros [...] lleno de gracia y de verdad.
JUAN 1:14 (LBLA)

El apóstol Pablo describió la intersección de bondad e instrucción de esta manera:

Mis amados hermanos, estoy plenamente convencido de que ustedes están llenos de bondad. Conocen estas cosas tan bien que pueden enseñárselas unos a otros.
ROMANOS 15:14

El apóstol Pablo nos anima a practicar decir la verdad en Efesios 4:15:

Siguiendo la verdad en amor, crezcamos en todo en aquel que es la cabeza, esto es, Cristo. (RVR60)

El compartir la verdad se lleva a cabo cuando compartimos la Palabra de Dios unos con otros:

Que el mensaje de Cristo, con toda su riqueza, llene sus vidas. Enséñense y aconséjense unos a otros con toda la sabiduría.
COLOSENSES 3:16

10. ¿Por qué cree que esta dinámica de amor y verdad, gracia e instrucción, es tan importante para nuestro crecimiento en Cristo?

11. Como acompañantes, ¿qué pasaría si tuviéramos un desequilibrio malsano de mostrar solo amor (demostrar amabilidad, bondad y gracia) a expensas de la verdad?

¿Qué pasaría si tuviéramos un desequilibrio malsano de decir solo la verdad sin el contexto de amor o amabilidad?

12. ¿Qué lecciones ha aprendido, tanto de las experiencias buenas como de las malas, sobre decir la verdad en amor?

Los acompañantes ayudan a la gente a meditar en la Biblia

¿Se acuerda del pulgar? La meditación es una práctica de todos los tiempos que hace que la Biblia cobre vida. Aunque la lectura informal de la Biblia nos ayuda, la meditación nos lleva más profundo en las maravillas y la sabiduría de Dios y su Palabra. La meditación se puede comparar a una pausa larga de investigación, al detenerse para ver más profundo. El autor Ken Gire describe cómo la palabra hebrea para *meditar* significa «murmurar o susurrar»[1]. Mentalmente repasamos las palabras una y otra vez y les permitimos penetrar nuestro corazón. El salmista nos exhorta a practicar una «cuidadosa meditación» en la que nos enfocamos en la maravilla del carácter de Dios (Salmo 63:1-11), en sus obras (Salmo 77:11) y en sus palabras (Salmo 1:2-3). La meditación bíblica comienza con pedirle al Espíritu Santo que nos ayude a entender sus palabras: «Abre mis ojos, para que vea las verdades maravillosas que hay en tus enseñanzas» (Salmo 119:18). La meditación, entonces, une la cabeza con el corazón.

Amar y poner por obra la Palabra es un ejercicio día a día. Pasamos tiempo con la gente, en grupos pequeños o uno a uno, meditando juntos en la Biblia. Una herramienta práctica para la meditación es el método de las vocales, AEIOU:

A: Ahonde con preguntas
E: Enfatice las palabras claves
I: i. e. (es decir, en otras palabras)
O: Otros versículos
U: ¡Usted! (aplicación)

Ahonde con preguntas. Usando las palabras indicadoras *qué, cuándo, por qué, dónde, cómo* y *quién,* bombardee el texto con preguntas y luego elija algunas para responderlas.

Enfatice las palabras claves. Lea el pasaje en voz alta, enfatizando ciertas palabras. Haga una pausa para definir las palabras importantes.

i.e., en otras palabras. Haga una paráfrasis escribiendo el pasaje con sus propias palabras. Elija palabras que estén en uso común hoy en día, para substituirlas por palabras bíblicas menos claras.

Otros versículos. Identifique otros versículos, acontecimientos bíblicos o personajes bíblicos que ilustren o amplifiquen el pasaje.

¡Usted! (aplicación). La aplicación personal lleva la Palabra de nuestra cabeza a nuestro corazón conforme actuamos según lo que descubrimos. He aquí algunas preguntas para impulsar la aplicación:

- ¿En qué verdad sobresaliente puede pensar hoy?
- ¿Cómo imagina que Dios cambiaría su vida si usted aplicara este pasaje?
- ¿De qué manera específica podría usted responderle al Espíritu Santo dentro de las próximas veinticuatro horas?

13. Practique este proceso de meditación usando Josué 1:8.

Ahonde con preguntas

Enfatice las palabras claves

i. e., en otras palabras

Otros versículos

¡Usted! (aplicación)

En www.elacompanante.com, se encuentra disponible sin costo una tarjeta de bolsillo que describe el método AEIOU.

Los acompañantes practican el VIM

- *Visión:* Quiero poner por obra y amar la Biblia.
- *Intencionalidad:* Voy a _____.
- *Medio:* Voy a usar _____.

Los acompañantes actúan

Durante la próxima semana, apartaré tiempo para practicar este proceso de meditación en dos citas diarias con Dios.

- Fecha y hora de la cita: _____
- Fecha y hora de la cita: _____

Registre este paso en la Hoja de acción del acompañante.

Pan fresco

WILLOW CREEK, una de las iglesias más grandes de los Estados Unidos, probó los patrones de crecimiento de decenas de miles de personas en iglesias esparcidas alrededor del mundo. ¿Cuál fue la práctica número uno que la gente clasificó para el crecimiento espiritual? Fue leer y reflexionar en las Escrituras[2]. Observe que leer la Biblia no fue suficiente en sí; la reflexión o meditación fue absolutamente esencial para el crecimiento. La gente necesita pan fresco a diario.

¿A qué nos referimos con «pan fresco»? En Éxodo 16, Dios proveyó para la nación de Israel un misterioso «alimento del cielo». Diariamente, Dios esparcía en el suelo una hojuela como semilla de cilantro que sabía a miel (16:31). Este maná puede ser análogo a la Palabra de Dios. En Deuteronomio 8:3, el Señor describe cómo usó el maná para probar a Israel, revelando si ellos estaban dispuestos a vivir «de cada palabra que sale de la boca del SEÑOR». Jesús usó este pasaje al confrontar a Satanás, declarando que «La gente no vive solo de pan, sino de cada palabra que sale de la boca de Dios» (Mateo 4:4). El pan fresco, esos nuevos descubrimientos en la Palabra de Dios, nutre el alma del discípulo y del acompañante.

1. *Necesitamos pan fresco a diario.* Israel tenía que recoger el pan del cielo a diario; se pudría si lo guardaban en la noche (Éxodo 16:20). Si la Biblia es como el pan del cielo, debemos tener el cuidado de no vivir de recuerdos pasados de estudios bíblicos o sermones favoritos. Pídale a Dios que le dé una revelación nueva cada día en su meditación de la Biblia.

2. *Debemos registrar nuestro pan fresco.* Escribir nuestras revelaciones diarias de las Escrituras es un acto poderoso de la meditación. Transferir físicamente su revelación de la Biblia al papel escribiéndola es una disciplina sencilla que realza la memoria y la aplicación. Invierta tiempo para anotar lo que el Señor le enseña a través de su Palabra.

3. *Debemos compartir el pan.* Compartir su comprensión diaria con la gente fija el descubrimiento y establece el ritmo para una cultura de hacer discípulos. Los acompañantes siempre tienen una Biblia abierta entre ellos y la gente que discipulan. Usted crea un hambre por la Palabra cuando comparte sus descubrimientos con otros. ¿Con quién puede compartir un poco de pan fresco esta semana?

4. *Tenemos que hacer que el pan sea el plato principal.* Aunque valoro los libros devocionales escritos por otros, quiero que sean el aperitivo antes del plato principal de la Biblia. Como un sabroso aperitivo, las guías devocionales nos preparan para el plato principal: un encuentro con Dios en su Palabra. Haga que la Biblia sea su plato principal.

CAPÍTULO OCHO

EL CAMINO DEL DESCUBRIMIENTO

Los acompañantes hacen preguntas y cuentan historias

*Los estudios nos dicen que la gente recuerda mucho más de lo que dice que de lo que oye, y
mucho más de lo que descubre por sí sola que de lo que se le da de comer en la boca.*

KAREN LEE-THORP

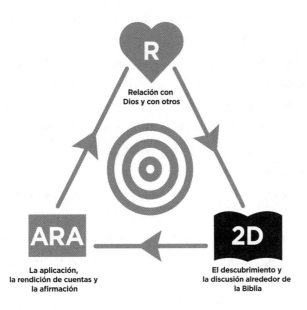

MI ESPOSA Y YO SOMOS «GENTE DE PERROS». Nos encantan los perros. Nuestra tercera
perrita es una especial llamada Sadie. Ella es un cruce de robador dorado y caniche.
Cuando les describo esta mezcla a otros, mi esposa siempre me corrige y dice: «Diles la
raza de la perrita». Sadie es un garabato dorado. ¡Hay algo en tener un «garabato» como
perro que es difícil de decir para un varón! Sin embargo, no importa la raza; amo a este
animal.

Ahora bien, yo trabajo desde mi casa. Un día, no tenía ninguna cita y estaba al
corriente con mi carga de trabajo. Decidí asumir un proyecto de enseñanza: le enseñaría
a Sadie a silbar.

Cuando Peggy volvió a casa del trabajo y me preguntó cómo había estado mi día,
le dije:

—¡Le enseñé a Sadie a silbar!

Ella se inclinó para oír a Sadie y dijo:

—Yo no la oigo silbar.

—Dije que le enseñé. ¡No dije que aprendió!

Tengo que ser sincero: nunca traté de enseñarle a Sadie a silbar. Pero la historia sí ilustra un punto. Hay una distinción clave entre enseñar y aprender. A menudo olvidamos que decir no es enseñar, y escuchar no es aprender. Enseñar es más que dar una conferencia; el descubrimiento y la aplicación deben tener lugar. Los acompañantes siguen el ejemplo de Jesús y estimulan el aprendizaje a través del descubrimiento. Esto significa colgar el cuadro del camino al descubrimiento en nuestra mente.

En el capítulo 3, discutimos cómo la palabra *discípulo* describe a un aprendiz, a alguien que sigue los pasos de un maestro. Ser alumno de Jesús es algo más que sentarse en un salón de clases para recibir información o memorizar hechos. Los discípulos se embarcaron en una búsqueda apasionada para llegar a ser como su Maestro (Lucas 6:40). Los doce eran aprendices dispuestos, y dejaron a sus amigos, familias y ocupaciones para ser los alumnos de Jesús (Mateo 4:20). Jesús espera la misma intensidad de aprendizaje de sus seguidores hoy en día.

Aprender en las Escrituras es intencionado, pero, a menudo, informal. Aunque escuchar a un maestro dotado es importante, la Biblia también pretende que el aprendizaje sea una experiencia relacional en la compañía de familia y amigos (Deuteronomio 6:6-9). Toda la vida es un lugar de aprendizaje para los discípulos de Jesús. Los acompañantes deliberadamente abren las puertas del descubrimiento justo donde la gente vive, trabaja o se divierte. Como acompañante, su tarea es sencilla. En lugar de un experto que tiene todo el conocimiento, usted es un colaborador intencionado, con un amigo en un viaje de aprendizaje. Juntos, ustedes hacen descubrimientos, hacen preguntas y estimulan la aplicación. Con el Espíritu Santo como su maestro, ustedes caminan deliberadamente, tomados del brazo, intencionadamente aprendiendo de la vida, practicando el método de descubrimiento de Jesús.

Los acompañantes siguen el modelo de enseñanza de Jesús

Pregúntele a la gente en la calle qué piensa de Jesús y, probablemente, le dirán: «Él fue un gran maestro». A Jesús se le imagina como el conferencista sabio, sentado en una ladera, dispensando la verdad. Esto es cierto solo en parte. Aunque Jesús predicó grandes mensajes, su ministerio de enseñanza puede colocarse en una escala que oscila del método formal de conferencia al método informal del descubrimiento. Su meta en ambos era transformar vidas.

El autor Philip Yancey observó que en los Evangelios, la gente se acercó a Jesús con preguntas 183 veces, pero él respondió con una respuesta directa solamente tres veces. «Él respondía con una pregunta distinta, con una historia o con otra indirecta. Evidentemente, Jesús quiere que resolvamos las respuestas por nuestra cuenta, usando los principios que él enseñó y practicó»[1]. La siguiente escala, de formal a informal, ilustra el ministerio de enseñanza de Jesús.

La escala del ministerio de enseñanza de Jesús

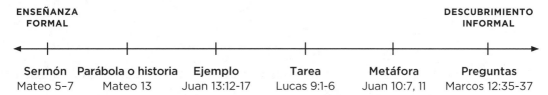

La mayoría de los entornos educativos en la iglesia pondrían el peso en el lado formal de esta secuencia, dejando al descubrimiento colgado en el aire. Nuestra suposición es que, si le hemos dicho algo a la gente, ellos lo han aprendido. La información ha sido transmitida, pero la vida no es transformada. Los acompañantes ayudan a restaurar el equilibrio en esta escala al enfatizar el poder del descubrimiento. El descubrimiento invita a la gente a pasar de ser espectadores a convertirse en ejecutores, dejando las graderías, para jugar en el juego del aprendizaje.

El aprendizaje y el descubrimiento son búsquedas intencionadas en la vida. El escritor de Proverbios entendía esto. Aunque Proverbios es una colección de máximas —dichos sabios acerca de cómo vivir la vida, transmitidos de padre a hijo—, la acumulación de sabiduría no es una actividad pasiva. El aprendizaje se capta en la palabra *sabiduría* y palabras relacionadas como *entendimiento* o *perspicacia*. Lea Proverbios 2:1-5. Subraye las palabras de acción en el pasaje. Encierre en un círculo los diversos adjetivos o descriptores de sabiduría.

Hijo mío, presta atención a lo que digo y atesora mis mandatos. Afina tus oídos a la sabiduría y concéntrate en el entendimiento. Clama por inteligencia y pide entendimiento. Búscalos como si fueran plata, como si fueran tesoros escondidos. Entonces comprenderás lo que significa temer al Señor y obtendrás conocimiento de Dios.

1. Escriba las palabras o frases que sean sobresalientes para usted en este pasaje.

2. ¿Qué observaciones puede hacer acerca de la búsqueda activa de la sabiduría y del aprendizaje?

3. ¿Cómo pueden estas observaciones cambiar su imagen del aprendizaje?

4. Imagine la vida del discipulado como una vida de aprendizaje activo. ¿Qué imágenes le vienen a la mente que describirían esta vida? Complete los siguientes ejemplos:

   • Yo siempre sería curioso.

   • Yo siempre estaría haciendo preguntas.

   • Yo siempre me estaría conectando con personas más sabias o más experimentadas que yo para poder aprender de ellas.

   • _____.

Los acompañantes hacen buenas preguntas intencionadamente

El descubrimiento a menudo empieza con una buena pregunta. ¿Ha llegado a notar cómo Dios se involucra constantemente con su creación a través de preguntas? «¿Dónde estás?» (Génesis 3:9). «¿Te has fijado en mi siervo Job?» (Job 1:8). «¿A quién enviaré?» (Isaías 6:8). Cuando Dios hace preguntas, no está simplemente recabando información; después de todo, él es omnisciente. Sus preguntas pretenden atraer a su creación hacia una relación en la que tienen lugar la reflexión y el descubrimiento.

Jesús entendía el poder de una buena pregunta. Hay 307 preguntas registradas en los Evangelios. Un autor describió a Jesús como «El que hace preguntas». Una pregunta bien ubicada actúa como una explosión en una conversación, exponiendo nuevos descubrimientos, revelaciones y aplicaciones.

¿Qué hace que alguien sea un buen preguntador? Tres cualidades enriquecen nuestra habilidad de hacer preguntas. Se pueden ilustrar con el triángulo a la derecha.

En la base del triángulo está la cualidad de la *confianza*. Sin confianza, no podemos hacer preguntas personales o profundas. El segundo lado es el *cuándo*. Todos hemos experimentado el poder de una buena pregunta hecha en el momento preciso. También hemos experimentado una pregunta hecha en un mal momento. Debemos confiar en el Espíritu Santo para que nos ayude a hacer las preguntas adecuadas en el momento preciso.

El tercer lado es la *clase*. Hay muchas clases de preguntas que hacer. Cuando hacía mi investigación para mi maestría en Educación de Adultos, asistí a una variedad de entornos educativos en la iglesia. En cada clase, grupo pequeño o taller, escribía con cuidado cada pregunta que el maestro o líder hacía. Luego analizaba las preguntas, viendo qué categorías surgían. Descubrí que dos clases de preguntas opacaban a todas las demás. Una pregunta era «¿Qué?», particularmente: «¿Qué observó en el pasaje?». La otra pregunta era «¿Cómo?», así como en: «¿Cómo puede aplicar esto?». Las preguntas de *qué* y *cómo* son importantes. Sin embargo, hay muchas otras clases de preguntas. Algunas preguntas pretenden aclarar, analizar, debatir o imaginar. Los acompañantes necesitan una caja de herramientas llena de distintas clases de preguntas. Las preguntas ayudan a construir puentes para el descubrimiento y el aprendizaje.

5. ¿Cuáles son algunas maneras con las que puede desarrollar confianza en una relación para poder hacer preguntas personales y penetrantes?

6. El cuándo lo es todo. ¿Qué asuntos del cuándo son importantes considerar al hacer preguntas? Complete la siguiente lista:

- ¿Está la otra persona apresurada, sin tiempo para una pregunta profunda?

- ¿Los conozco lo suficientemente bien como para hacer una pregunta más personal?

- ¿Se sentirán avergonzados con mi pregunta, ya que requiere algún conocimiento previo de la Biblia?

- ¿_____?

- ¿_____?

7. ¿Cómo calificaría su habilidad de hacer buenas preguntas? Marque las declaraciones que más se apliquen a usted.

____ Rara vez pienso en hacer preguntas. Tiendo a hablar mucho.

____ Soy curioso en cuanto a los demás y hago muchas preguntas en una conversación.

____ Tengo unas cuantas preguntas básicas que hago una y otra vez.

____ Hacer preguntas es difícil para mí. A veces, no sé qué preguntar.

____ Me gusta hacer preguntas que ayudan a la gente a revelar su corazón o sus motivos.

____ Mis preguntas tienden a ser superficiales y me quedo sin preguntas después de un rato.

____ Busco buenas preguntas y trato de recordar usarlas en las conversaciones.

____ Tengo el don de la exhortación, por lo que, naturalmente, hablo más de lo que escucho o hago preguntas.

Según esta evaluación sencilla, ¿qué descubrió acerca de su habilidad para hacer preguntas?

8. ¿Revela alguna meta de crecimiento para usted en el camino hacia el descubrimiento?

El camino hacia el descubrimiento construye puentes para el aprendizaje

Las conversaciones que incluyen hacer preguntas son tanto reactivas como proactivas. Las conversaciones reactivas se dan cuando la gente pide consejo o ayuda para algún desafío, una crisis o un asunto de crecimiento actual. Las conversaciones proactivas son las que los acompañantes inician para estimular el crecimiento en seguir a Cristo. Ya sean reactivas o proactivas, usamos las preguntas para ayudar a la gente a llegar a su destino de entendimiento, esperanza, consuelo o cambio.

Un marco mental para hacer preguntas puede ser cómo construir un «puente de preguntas» para el crecimiento espiritual. Imagine dos acantilados separados por un abismo. Al lado derecho del acantilado hay una imagen (I) o meta deseada, expresada en una conversación reactiva o proactiva.

I—¿Cuál es su imagen de un futuro deseado o algunas metas exitosas?
- ¿Cómo imaginaría Dios una vida saludable o transformada en esta área?
- ¿Qué pasajes bíblicos pueden darle forma a su imagen de una vida saludable o transformada en esta área?
- ¿Qué lo motiva a querer buscar la imagen o el deseo de Dios para el cambio?
- ¿Cómo sabrá si ha adquirido la imagen de Dios de salud o cambio?

Al lado izquierdo está el acantilado de la realidad (R).

R—¿Cuál es su realidad actual?
- ¿Qué desafíos enfrenta para hacer realidad esta imagen?
- ¿Qué preparación o experiencia tiene en esta área?
- ¿Qué conocimiento o información bíblica tiene?
- ¿Qué le ha funcionado en el pasado?
- ¿Cómo describiría su motivación actual?
- ¿Qué obstáculos personales enfrenta que obstaculizan el cambio?
- ¿Qué tiene que ocurrir para avanzar?

Entre las dos, hay acciones necesarias (A) para desplazarse de la realidad actual al futuro deseado.

A—¿Cuáles son algunas acciones?
- ¿Qué pasajes bíblicos podrían guiar sus acciones?
- ¿Cuáles son algunos pasos inmediatos para alcanzar la imagen de Dios de salud o cambio en esta área?
- ¿Qué cambios tiene que hacer en sus prioridades u horario?
- ¿Qué acciones son las más importantes?
- ¿Cuándo puede programar esas acciones?
- ¿Por qué cosas debe orar para avanzar hacia la salud y el cambio?

Juana imagina una conversación de fe con su amiga del trabajo Beatriz. Tiene la meta de involucrar a su amiga en una discusión acerca de Jesús. Usted quiere hacer algunas preguntas para descubrir y aclarar la imagen de la evangelización de Juana y sus metas para Beatriz. La realidad nos lleva a preguntar: «¿Cuál es el entendimiento actual de Juana acerca de la evangelización?». Las preguntas de la realidad nos ayudan a descubrir el conocimiento y las experiencias de la persona en cuanto a un tema. Después de ayudar a Juana a imaginar un futuro deseado y evaluar su realidad actual, usted hace preguntas acerca de la condición espiritual de Beatriz, qué necesita ocurrir después en la conversación o cuándo es el tiempo apropiado para hablar con Beatriz. Usted está ayudando a Juana a construir un puente de acción entre su futuro deseado y su realidad actual. Este método IRA (imagen, realidad y acción) es una forma sencilla de recordar cómo construir un puente de descubrimiento para el cambio.

9. He aquí otro caso práctico. Jaime ha expresado una preocupación varias veces en su grupo pequeño: «Estoy realmente batallando con mis finanzas. Sigo preguntándome: "¿Qué dice la Biblia acerca de esta área?". Y creo que tengo algunas ideas, pero necesito un poco de claridad». Usted planea desayunar con Jaime la semana siguiente. ¿Cómo puede poner por obra el IRA para hacer un puente en la brecha del aprendizaje? Identifique algunas preguntas en las siguientes áreas. Escriba las preguntas en el espacio provisto.

- ¿Qué preguntas podrían ayudar a Jaime a imaginar un enfoque bíblicamente exitoso para sus finanzas?

- ¿Qué preguntas podrían ayudar a Jaime a evaluar su realidad actual en cuanto a sus finanzas?

- ¿Qué preguntas podrían ayudar a Jaime a desarrollar un plan de acción para poner sus finanzas en línea con la enseñanza de la Biblia?

Los acompañantes usan historias personales

Cuéntele una historia a la gente y vea cómo se alarga la duración de su atención. Puede ver los ojos de la gente resplandecer con interés. ¿Por qué? Las historias tratan de gente y lugares del aquí y el ahora: cosas en las que involucramos nuestros sentidos y con las cuales nos identificamos automáticamente. Contar historias, poner principios e ideas en las situaciones de todos los días, sobresale como un medio de enseñanza. Las historias ilustran la verdad y nos hacen pensar más profundamente. Por eso es que Jesús fue el experto en contar historias.

El contar historias está en el lado informal del ministerio de enseñanza de Jesús. La mayoría de sus historias están arraigadas en la vida real, pero tienen altibajos para involucrarnos en el proceso de pensamiento. Casi una cuarta parte de las palabras registradas de Jesús son narraciones —historias fieles a la realidad que podrían haber ocurrido— llamadas parábolas. Contar historias cortas fue uno de los métodos favoritos de enseñanza de Jesús. Como escribe la autora Karen Lee-Thorp: «Jesús fue un maestro brillante. Sabía cómo contar una historia que podía impulsar a la gente a pensar en categorías nuevas»[2].

¿Qué hace que una historia sea buena?

- Las buenas historias *son concisas.* Jesús transmitía sus puntos rápida y concisamente. Por ejemplo, la parábola del buen samaritano solo tiene seis versículos (vea Lucas 10:30-35) con 165 palabras en español.
- Las buenas historias se *conectan con los acontecimientos cotidianos* de nuestra vida. Jesús usaba los elementos diarios de Palestina: rocas, lluvia, arena, arroyos, semillas, campos.
- Las buenas historias *usan ilustraciones vívidas.* Esto significa captar las vistas, los sonidos y los olores de una situación. Podemos sentir el dolor del hombre golpeado en la parábola del buen samaritano, u oír el llamado a la puerta del amigo que busca pan a la media noche (Lucas 11:5-8).

- Las buenas historias *son personales.* Jesús apuntaba sus historias hacia las necesidades y preocupaciones de sus oyentes. Nosotros podemos dar un giro un poco distinto. Podemos convertir nuestros éxitos y fracasos en ejemplos de aprendizaje.

- Las buenas historias *nos ayudan a pensar.* Jesús a menudo comenzaba una historia con una pregunta, impulsando a sus oyentes a anticipar y considerar (Mateo 11:16; Marcos 4:30). En otras ocasiones, introdujo una historia de un siervo malo con una pregunta retórica para impulsar a sus oyentes a pensar más: «También ustedes deben estar preparados. [...] ¿Quién es el siervo fiel y prudente?» (Mateo 24:44-45, NVI).

Cada uno de nosotros tiene historias, experiencias personales que ilustran poderosamente la verdad bíblica. Nuestras historias de vida convierten ideales abstractos en ejemplos de la vida real.

En el capítulo 4, usted trabajó describiendo la imagen de un discípulo. Una forma de imaginar el discipulado en sí es una rueda, donde Cristo es el centro, y el conocimiento de Dios se lleva a cabo a través del estudio de la Palabra y la oración. Este discipulado emana hacia afuera, a través del testimonio y la comunión.

LA ILUSTRACIÓN DE LA RUEDA

10. Escoja dos radios de la rueda e identifique una historia personal que ilustre cada radio. Esta historia de vida podría incluir algo de lo siguiente:

   - Un ejemplo personal de éxito o fracaso en un área de la vida.

   - Una ocasión en que Dios le habló a través de su Palabra acerca de la importancia de esta cualidad en el discipulado. Asegúrese de identificar el versículo o pasaje específico.

- Un ejemplo de alguien cercano a usted que demostró esta cualidad y lo desafió. Asegúrese de que sea una historia en primera persona y no una tomada prestada de un mensaje.

Recuerde hacerse estas preguntas:
- ¿Es concisa?
- ¿Qué experiencia diaria estoy usando para conectar con alguien?
- ¿Estoy usando imágenes vívidas con palabras para plasmar un estado de ánimo, una vista, un sonido u olor?
- ¿Es personal, revelando algo de mí mismo?
- ¿Cómo hago que alguien piense?

Use el espacio siguiente para esbozar sus historias.

Historia 1

Historia 2

Los acompañantes practican el VIM

- *Visión:* Creo que el descubrimiento es una parte crítica del proceso de aprendizaje.
- *Intencionalidad:* Voy a _____.
- *Medio:* Voy a usar _____.

Los acompañantes actúan

En el camino del descubrimiento, usted ha explorado el poder de las buenas preguntas y la herramienta de enseñanza de la historia. ¿Cuál fue una revelación, un desafío o una afirmación nueva para usted? Descríbalo en una frase.

Ahora considere un paso que podría dar para aplicar este único principio. Registre su frase clave y su paso a dar en la Hoja de acción del acompañante.

HERRAMIENTAS DEL ACOMPAÑANTE

Curiosidad

MI AMIGO RAFA ES una de las personas más curiosas que conozco. De hecho, ha decidido que su misión en la vida es convertirse en un experto en ser curioso y hacer preguntas. Ya sea que esté conmigo, con un completo extraño o con amigos alrededor de la mesa en una cena, es un gusto ver a Rafa en acción, haciendo preguntas, destilando curiosidad. La herramienta de la curiosidad es crucial para el camino del descubrimiento.

La vida adulta rápidamente elimina la curiosidad. Se acabaron los días en los que podíamos sazonar cualquier conversación con «¿Por qué?» o mirar asombrados, con los ojos bien abiertos, los descubrimientos sencillos. Sin curiosidad, vivimos en mundos predecibles y dejamos de ser aprendices o discípulos.

Nuestro Señor entendía el poder de la curiosidad. La reunión inicial de Jesús con los hombres que llegarían a ser sus seguidores más cercanos se encuentra en Juan 1:35-39. ¿Cuál fue su primer intercambio verbal? Fue la pregunta: «¿Qué quieren?». Como querían una entrevista con ese joven rabino, los hombres le preguntaron dónde vivía. Jesús no les dio una dirección, sino que, de manera provocativa, los invitó: «Vengan y vean». Nuestro Señor apeló a su curiosidad.

La curiosidad siempre comienza con una pregunta. Los acompañantes deben ser curiosos por lo menos acerca de tres cosas. La curiosidad bombardeará estos tres temas con preguntas.

Sea curioso acerca de Dios. ¿Recuerda la declaración provocativa de Jesús: «Vengan y vean»? Él estimula nuestra curiosidad de saber más de él. Esta curiosidad insaciable lleva a un asombro de su persona. El asombro lleva a la adoración. La curiosidad acerca de nuestro Señor nos lleva a dos preguntas básicas: «¿Qué puedo descubrir de su carácter en su Palabra?» y «¿Qué puedo descubrir de sus caminos?». Enumere una o dos preguntas que reflejen curiosidad acerca de nuestro Señor.

Sea curioso acerca de la Biblia. El salmista oró: «Para que vea las verdades maravillosas que hay en tus enseñanzas» (Salmo 119:18). Bombardee el texto con preguntas. Evite el síndrome de pasar de largo un pasaje muy transitado. Rocíe el texto con preguntas: quién, qué, por qué, cuándo, cómo o dónde.

Sea curioso acerca de la gente y de cómo crece. Los acompañantes están en el negocio de ayudar a la gente. Siga preguntándose: *¿Qué estoy aprendiendo de Jaime o de Juana? ¿Qué estoy aprendiendo de ellos que les ayudará a crecer? ¿Qué estoy aprendiendo de sus historias de vida que me ayudará a conocerlos mejor?* Agregue una o dos preguntas adicionales que podría hacer para llegar a conocer a alguien.

¿Cómo usará la herramienta de la curiosidad esta semana? Describa un paso a dar para usar esta herramienta.

CAPÍTULO NUEVE

EL CAMINO DEL JUEGO TRIPLE

Los acompañantes practican la aplicación, la rendición de cuentas y la afirmación

*Aplicación quiere decir unir la verdad de Dios con el pueblo de Dios, de tal manera
que el corazón de la gente sienta la verdad, su mente entienda la verdad y su voluntad
quiera actuar de acuerdo a lo que han escuchado de la Palabra.*

WARREN WIERSBE

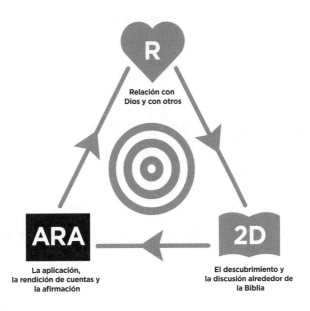

R
Relación con
Dios y con otros

ARA
La aplicación,
la rendición de cuentas y
la afirmación

2D
El descubrimiento y
la discusión alrededor de
la Biblia

ERA LA TERCERA ENTRADA del partido de béisbol. Había corredores en primera y
segunda base. Al segundo lanzamiento, Beto bateó, y la bola baja despegó de su bate.
Inmediatamente, supe que la bola era para que yo la atrapara. Salté de mi posición
acuclillada en la segunda base y atrapé la bola. Con el golpe del bate, los corredores
que estaban en primera y segunda base salieron corriendo. No pensaron que yo
pudiera atrapar el lanzamiento en línea. ¡Imagine su sorpresa cuando atrapé la bola!

El corredor en segunda base casi había logrado llegar a tercera base cuando yo toqué
la segunda, obligándolo a salir. El corredor de primera base frenó y se detuvo cuando
faltaba poco para llegar a la segunda, por lo que fácilmente lo toqué para sacarlo. ¡Los
aficionados en las graderías estallaron de emoción! Yo acababa de eliminar a los jugado-
res sin ayuda de los demás. Este estudiante del primer año de preparatoria era el orgu-
lloso dueño de un juego triple, sin ayuda.

No escribo para jactarme de mi corta carrera en el béisbol. Esta historia habla del juego triple que los acompañantes hacen cuando discipulan a otros uno a uno o en grupos pequeños. Este juego triple es la aplicación, la rendición de cuentas y la afirmación. Dios usará estas tres acciones para transformar vidas.

Los acompañantes estimulan la aplicación

Jesús no estaba interesado en transmitir información, sino en transformar vidas. Él esperaba que la gente aplicara lo que él enseñaba.

1. Considere cómo concluye Jesús el Sermón del monte en Mateo 7:24-27. ¿Cómo estimula la transformación a través de la obediencia?

2. Lea Santiago 1:22-25. ¿Qué dice Santiago acerca de la importancia de obedecer lo que oímos?

3. ¿Qué promete Dios que experimentaremos cuando la obediencia sea parte de nuestra vida?

4. Santiago escribe que podemos engañarnos a nosotros mismos cuando oímos sin obedecer. Describa qué cree que significa este engaño.

La aplicación personal es una forma práctica de ejercer la obediencia. Esta disciplina sencilla es una respuesta sincera al Espíritu Santo conforme él hace la conexión de la verdad a la vida. La aplicación toma la perspicacia y la traslada hacia un paso de acción práctico. Estos pasos pueden ser pequeños y silenciosos; es posible que nadie los vea sino el Señor y nosotros mismos. Las aplicaciones significativas tienen tres características:

- Principio: Respondo a un principio o una revelación de las Escrituras.
- Personal: Considero cómo este principio toca mi corazón y me afecta.
- Práctica: Diseño un paso a dar específico para aplicar el principio.

Las aplicaciones personales deben ser medibles. Los pasos medibles generalmente incluyen un qué, un cuándo, un dónde y un cómo. Por ejemplo, el simplemente decir: «Voy a orar más por mi familia» carece de un sentido de factibilidad medible. Una aplicación más práctica es: «Voy a orar por mi familia la próxima semana mientras conduzco al trabajo cada mañana».

He aquí algunas maneras específicas de planear la aplicación de un pasaje de las Escrituras. Estas cinco preguntas pueden ser útiles para responder de maneras prácticas a lo que descubrimos en las Escrituras:

C—¿Hay que confesar algún pecado?
R—¿Hay que reclamar alguna promesa?
E—¿Hay que emular algún ejemplo?
A—¿Hay que acatar algún mandamiento?
R—¿Hay alguna revelación o algún conocimiento nuevo acerca de Dios?

Las aplicaciones generalmente son una respuesta inmediata al Espíritu Santo, algo que podemos hacer hoy o en el futuro inmediato, en lugar de una acción a largo plazo. Una barrera formidable para muchos al hacer una aplicación es la creencia de que mi acción debe repetirse de por vida. Recuerde, la meta es responder al Espíritu Santo ahora mismo. Una aplicación puede hacerse en los próximos diez minutos, en las próximas diez horas o en los próximos diez días. Rara vez es un compromiso de por vida. Las aplicaciones son respuestas de obediencia sencillas, diarias y prácticas al impulso del Espíritu Santo.

5. Juana ha sido desafiada a practicar la integridad en su lugar de trabajo. «Colosenses 3:23 realmente me habló esta mañana. Me doy cuenta de que mi motivación a menudo es para mí misma y no para el Señor. Quiero considerar cómo mi trabajo puede honrar a Dios». ¿Qué preguntas podría hacerle a Juana para ayudarla a analizar detenidamente una aplicación posible de este pasaje en su lugar de trabajo? Complete lo siguiente:

- ¿Qué cree que significa trabajar de buena gana para el Señor?

- ¿Cómo sería esto en su trabajo?

- _____

- _____

- _____

Los acompañantes creen que amor quiere decir _RENDIR CUENTAS_

La rendición de cuentas puede ser una expresión impopular. Nuestra mente tiene imágenes de vergüenza, culpa o promesas no cumplidas. Esto es desafortunado, porque si nos amamos los unos a los otros, vamos a querer rendirnos cuentas el uno al otro y al Señor. He aquí una nueva imagen que colgarle a este concepto: rendir cuentas es la acción de ayudarse unos a otros a ser fieles. Llegamos a ser colaboradores en la fidelidad con alguien más.

La vida está llena de rendir cuentas. Rendimos cuentas en el desempeño del trabajo, con la obediencia a las leyes de tráfico y al pagar nuestros impuestos. La lista podría continuar. Hay consecuencias si eludo mi responsabilidad en las rutinas diarias de la vida. La fidelidad es un estándar sencillo de la vida. ¿Cómo se ve el rendir cuentas en una relación de discipulado? Como acompañantes, ¿cómo llegamos a ser colaboradores en fidelidad sin que eso se convierta en una experiencia negativa para la gente? Antes de responder a estas preguntas, exploremos las Escrituras.

6. De acuerdo a los siguientes pasajes, describa cómo se pueden demostrar el amor unos a otros.

- Proverbios 27:17

- Eclesiastés 4:9-12

- Gálatas 6:1

- Hebreos 3:12-13

- Hebreos 12:6, 10-11

- 1 Juan 3:16

7. Resuma lo que ha descubierto acerca de cómo la rendición de cuentas es una expresión de amor. Complete las siguientes declaraciones:

- La rendición de cuentas mantiene a ambos afilados.

- La rendición de cuentas invita a la gente a mi vida para que me ayude a ser fiel.

- Mi rendición de cuentas final es a Dios y no a la gente.

- _____

- _____

8. ¿Qué estimula una rendición de cuentas saludable entre los hermanos y las hermanas en Cristo?

9. ¿Cuáles serían algunos ejemplos de relaciones malsanas de rendición de cuentas?

Las relaciones exitosas de rendición de cuentas se desarrollan sobre dos principios básicos:

- *La rendición de cuentas se da, no se exige.* La confianza, desarrollada a través de relaciones auténticas, es la base de la rendición de cuentas. Se da la rendición de cuentas cuando la transparencia, la vulnerabilidad y el amor se han demostrado.
- *La rendición de cuentas final se le da a Dios y no a mí.* Debo tener cuidado de no asumir el papel de Dios en la vida de las personas.

Cuando les pido a otros que me rindan cuentas, debo tener cuidado de no producir rendimiento. El rendimiento se da cuando mi aceptación o amor hacia otro se basa en lo que hace. Una persona puede actuar para ganarse la aprobación de otro. Queremos animar a la gente a rendir cuentas de las cosas que el Señor quiere que hagan.

10. Jacobo ha preguntado si puede rendirle cuentas a usted en cuanto a su meta de reconciliarse con su hermano. Él ha establecido algunos pasos prácticos para buscar el perdón y reestablecer la relación. Las siguientes son algunas declaraciones o preguntas de rendición de cuentas que podría hacerle a Jacobo. Después de cada pregunta, describa brevemente por qué fue una buena o mala pregunta o declaración de rendición de cuentas.

- ¿Alcanzaste tus metas esta semana?

- ¿Qué aprendiste acerca de dar y buscar perdón?

- ¿Qué te ayudó a reconciliarte exitosamente con tu hermano?

- ¿Cómo dio Dios algunas oportunidades para restaurar la relación?

- Creo que deberías restaurar tu relación con tu hermano con estos tres pasos.

Los acompañantes practican el poder de la afirmación

11. La Biblia habla del poder de las palabras y el lenguaje de afirmación. ¿Qué puede aprender del poder de las palabras de afirmación en estos Proverbios?

- Proverbios 11:25

- Proverbios 12:25

- Proverbios 15:23

- Proverbios 16:24

- Proverbios 27:2

12. Resuma sus hallazgos sobre la afirmación completando la siguiente lista:

- La afirmación genuina renueva a la gente.

- La afirmación anima a la gente a seguir haciendo lo correcto.

- La afirmación se da gratuitamente y no se espera.

- _____.

- _____.

Algunos ejercicios sencillos de afirmación

- *La afirmación de calidad identifica el progreso.* Afirme rápidamente el progreso que hace la gente al lograr una aplicación o al seguir alguna acción de rendición de cuentas.
- *La afirmación de calidad es específica.* Nombre la acción que quiere afirmar. En lugar de decir: «Qué buen trabajo hiciste al dirigir el estudio bíblico», sea más específico: «Aprecio cómo hiciste preguntas pacientemente».
- *La afirmación de calidad se centra en Dios.* Algunos ejemplos de declaraciones que se centran en Dios son: «Aprecio cómo Dios te usó para...», o «¡Tu acción reciente en verdad dejó ver cómo obra Dios en tu vida!».
- *La afirmación de calidad tiene que ver con los demás y no con usted.* Debemos superarnos los unos a los otros en dar honra, no en recibirla. Enfóquese en afirmar a los demás sin manipular la afirmación para usted mismo.

Los acompañantes practican el VIM

- *Visión:* Creo que los principios de ARA son cruciales para el crecimiento espiritual.
- *Intencionalidad:* Voy a _____.
- *Medio:* Voy a aplicar _____.

Los acompañantes actúan

Repase la sección acerca de la aplicación. ¿Qué verdad se puede sacar?

Repase la sección acerca de la rendición de cuentas. ¿Qué verdad se puede sacar?

Repase la sección acerca de la afirmación. ¿Qué verdad se puede sacar?

Considere en oración una aplicación de solamente uno de los principios anteriores. Siga los pasos para la aplicación.

- Principio: ¿Qué pasaje le habló al corazón?

- Personal: ¿Cómo puede personalizar esta verdad?

- Práctico: ¿Qué pasos dará para poner por obra de manera práctica y específica este principio?

Repase sus pasos a dar y anote una acción en la Hoja de acción del acompañante.

HERRAMIENTAS DEL ACOMPAÑANTE

Tiempo uno a uno

TODOS NOSOTROS TENEMOS un trasfondo en nuestra vida. Un trasfondo es aquel círculo de acontecimientos y emociones que están detrás de lo que se está llevando a cabo en el primer plano de la vida. Detrás de la persona que está sentada a su lado hay una historia que no es perfectamente clara a primera vista. Esta persona quizás acaba de tener una discusión con su cónyuge o acaba de recibir un aumento en el trabajo; quizás está batallando en la tarea de ser padre. Incluso en la sinceridad del trío de discipulado, estos trasfondos quizás no sean perfectamente claros. Para conectarse con este trasfondo, los acompañantes practican la herramienta del tiempo uno a uno.

El tiempo uno a uno en el discipulado es una herramienta valiosa para personalizar la relación de discipulado. Este tiempo uno a uno le permitirá hacer preguntas y conectarse con el trasfondo de la vida de una persona. La meta siempre es «¿Cómo puedo hacer que otro avance en vivir como discípulo de Jesús?». En la herramienta del uno a uno, unimos todos los elementos de la formación del acompañante. He aquí un ejemplo de un tiempo uno a uno que se puede practicar comiendo, tomándose un café juntos o conversando en la sala.

El blanco. Siempre tenemos a la vista el objetivo de la imagen de un discípulo.

- ¿He repasado mi imagen del discípulo antes de verme con mi amigo? (Considere la ilustración de la rueda de la página 90).
- ¿Qué área del discipulado abarcamos o tenemos que abarcar?
- ¿Qué área del discipulado tenemos que repasar de una reunión anterior?

R—Relaciones: Profundizamos en las relaciones al hacer preguntas como las siguientes:

- Revisión actual: «¿Cómo te va?»
- Caminar con Dios: «¿Qué te está enseñando Dios a través de su Palabra?»
- Seguimiento de conversaciones y preocupaciones previas: «La vez pasada hablaste de aplicar [inserte el comentario previo del amigo]. ¿Cómo va eso?» o: «La vez pasada oramos por [inserte el tema]. ¿Qué está haciendo Dios?»

2D—Descubrimiento y discusión. El descubrimiento y la discusión ocurren naturalmente en un tiempo uno a uno.

- ¿Hay algún estudio bíblico que podamos hacer juntos?
- ¿Hay pasajes de las Escrituras que podamos examinar?
- ¿Hay algún libro que podamos leer para hablar de la vida, del discipulado o de algún tema del ministerio?
- ¿Cuáles son las preguntas que haré?

ARA—Aplicación, rendición de cuentas y afirmación: La aplicación, la rendición de cuentas y la afirmación fluyen naturalmente en una conversación uno a uno:

- ¿Hay algún paso de la vez pasada que necesitemos discutir o actualizar?
- ¿Cómo puedo afirmar su progreso?
- ¿Cómo estimularé un paso práctico de aplicación de esta vez?
- ¿Qué rendición de cuentas se espera para la próxima vez?

¿Cómo puede aplicar la herramienta del acompañante de la conversación uno a uno la semana que viene? ¿Con quién se verá? ¿Cuándo se verán? ¿Cómo puede incorporar los elementos de la conversación uno a uno?

EL CAMINO DE LA MISIÓN

Los acompañantes reclutan personas para que vivan como integrantes

Cuando hacíamos esas grandes cruzadas en estadios de fútbol y arenas, el Espíritu Santo en realidad se estaba moviendo. [...] Pero ahora, percibo que algo distinto está ocurriendo. Veo evidencia de que el Espíritu Santo está obrando de una forma nueva. Se está moviendo por medio de las personas donde trabajan y a través de las relaciones uno a uno para lograr cosas grandes. Ellas están demostrando el amor de Dios a quienes los rodean, no solo con palabras, sino con obras.

BILLY GRAHAM

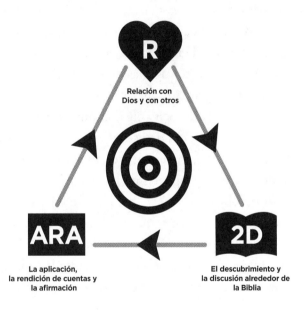

MI ESPOSA, PEGGY, y yo recientemente celebramos nuestro cuadragésimo aniversario de bodas. Para celebrar la ocasión, le di un anillo con unas piedras exquisitas que marcaban cada década de nuestro matrimonio. El anillo no fue comprado en el mostrador de la joyería de una tienda por departamentos; decidí que mi amigo Ricardo lo hiciera especialmente.

Ricardo es un joyero experto. Pasa sus días diseñando obras de arte únicas para sus clientes. Pero su vida se define por algo más que la joyería. Cuando sus hijos estaban en la secundaria, él y su esposa, Josefina, decidieron invitar a algunos de los amigos de sus hijos a un estudio bíblico. A medida que estos jóvenes leían juntos la Palabra, algunos llegaron a la fe. Los padres comenzaron a tener curiosidad por lo que ocurría, por lo que Ricardo y Josefina pronto tuvieron a los padres en un estudio bíblico, y los padres llegaron a la fe. Estas familias se unieron, y ellos han sido amigos por años. Cuando hablamos por última vez, las familias se iban a reunir para despedir al hijo de Ricardo y Josefina, quien estaba siendo destacado al extranjero con el ejército.

Ricardo es la imagen maravillosa de un «integrante». No fue a ningún lugar exótico para involucrarse en hacer discípulos; simplemente se conectó con su esfera de influencia natural, los amigos de sus hijos, y los invitó a leer la Biblia. Su familia era integrante de este grupo de personas, y ellos deliberadamente hicieron avanzar el evangelio en esta esfera de influencia. Cuando veo a Ricardo, no veo a un joyero; veo a un integrante fiel.

Un integrante comparte un lugar, propósito o interés común con un grupo de gente. Como seguidores de Cristo, todos somos integrantes en alguna parte y para alguien[1]. Somos integrantes donde trabajamos. Somos integrantes para nuestra familia. Somos integrantes en nuestros diversos entornos sociales. Dios nos ha colocado providencialmente en grupos especiales de gente para hacer que el evangelio avance. Como lo dice Jim Petersen: «¡Usted está rodeado! Ha pasado [...] años relacionándose con su familia, su comunidad y su situación de trabajo. Algunas de sus relaciones son buenas, otras son malas, pero todas tienen potencial para un nuevo significado ahora que es ciudadano del reino de Dios»[2]. Vivir la misión quiere decir colgar el nuevo cuadro del integrante. Ya sea en el lugar de trabajo, en la asociación de padres y maestros, o en un gimnasio, cada uno de nosotros vive, trabaja y se divierte en lugares diseñados únicamente por Dios en aras del evangelio. Los integrantes son agentes de Dios para el crecimiento de la iglesia.

Hacer discípulos no es un objetivo en sí. El corazón de Dios late por el mundo. Cuando entendemos su corazón, nos vemos impulsados a vivir la misión (Juan 17:18) y a multiplicar la cantidad de integrantes. Si cada integrante está al lado de alguien, entonces, con suficientes integrantes, podemos estar al lado de todos. El evangelio avanzará por medio de esta red de relaciones en constante expansión.

Los integrantes son una estrategia del Nuevo Testamento

Jesús dio el ejemplo como un integrante. A través de su encarnación, él vivió, trabajó y se divirtió entre la gente. La Biblia *The Message* (El mensaje) en inglés traduce así Juan 1:14: «La Palabra se hizo carne y sangre, y se mudó al vecindario».

1. ¿Cómo realza la frase «se mudó al vecindario» el ministerio de Jesús?

2. ¿Qué nos enseña el ejemplo de Jesús acerca del ministerio del integrante?

3. Lea Marcos 5:18-20. ¿En qué misión envía Jesús al hombre que había estado poseído por un demonio?

4. ¿Qué nos puede decir esta instrucción acerca del ministerio del integrante?

5. Mateo, el recaudador de impuestos, es otro integrante que siguió a Jesús. Lea Mateo 9:9-12. ¿Qué hace este integrante inmediatamente después de declarar su lealtad a Cristo?

6. Describa al grupo de gente para quien Mateo fue un integrante.

   Jesús responde a las acusaciones de los fariseos refiriéndose a sí mismo como un «médico» en medio de gente enferma (9:12). ¿Qué nos dice esto del corazón de nuestro Señor para conectarse con las personas perdidas?

7. Lea Juan 4:39-42. ¿Qué impacto tuvo esta integrante, una mujer que quería agua, en su aldea?

Los acompañantes multiplican la influencia del evangelio al discipular a los integrantes

La estrategia ministerial de Pablo dependía de los integrantes. Él fue llamado para ir a los gentiles: aquellos griegos, romanos y asiáticos que no compartían la cultura o la herencia judía (Hechos 9:15; Romanos 1:5). Pero cuando vemos el registro bíblico, surge una observación interesante. En sus viajes misioneros, el apóstol Pablo típicamente comenzaba con las sinagogas judías (Hechos 13:5, 14; 14:1). ¿Cómo, entonces, evangelizó a los gentiles?

Pablo era un «extranjero» para los gentiles, pero su ministerio en las sinagogas lo ponía en contacto con griegos y romanos que temían a Dios y que eran integrantes en las redes gentiles más amplias (Hechos 13:42-43; 14:1; 17:4). Fue entre estos nuevos conversos que Pablo estableció cabezas de puente espirituales, grupos nuevos de creyentes que podían alcanzar a sus familias y amigos.

El apóstol contó con el crecimiento continuo de esta descendencia espiritual para impactar sus áreas vecinas. Debido a estos integrantes, Pablo pudo decir que toda un área estaba evangelizada (Romanos 15:19; vea también Hechos 13:49). Los integrantes fueron esenciales para el crecimiento de la iglesia primitiva. La iglesia creció más por la infiltración que por la evangelización organizada.

La estructura de la iglesia primitiva se desarrolló naturalmente sobre el ministerio de los integrantes. Estos grupos primitivos de creyentes se reunían en casas (Romanos 16:5; Colosenses 4:15). Estas casas eran tanto entornos físicos como grupos de gente que incluían a una familia extensa y esclavos de la casa (como se ilustra en Hechos 16:31-34)[3]. Ya que las autoridades romanas no reconocían al cristianismo como una religión permitida, reunirse para la adoración cristiana constituía un hecho punible[4]. Sin acceso a los lugares públicos, el hogar físico y las redes sociales eran lugares ideales de reunión y crecimiento para el evangelio.

8. ¿Por qué cree que estas redes sociales interconectadas eran entornos ideales para la evangelización?

Hechos 2:42-47 es un cuadro de las primeras reuniones de los seguidores de Jesús. Esta primera expresión de la iglesia se reunía en un lugar público (el templo) y en las casas. Lea este pasaje y reflexione en las siguientes preguntas.

9. ¿Qué observa acerca de las prácticas de esta iglesia primitiva?

10. ¿Cómo obraba Dios en su comunión?

11. Describa el impacto que ellos tenían en la gente que los rodeaba.

12. ¿Qué observaciones puede hacer sobre el poder de la comunidad: creyentes viviendo y adorando juntos entre los perdidos?

13. ¿Cuáles son algunas formas en que una comunidad de creyentes puede tener impacto en una comunidad o un vecindario donde las personas individuales no podrían tenerlo?

14. ¿De qué formas podría su iglesia, grupo pequeño o ministerio practicar la comunión entre los perdidos?

15. En 1 Tesalonicenses 1:7-8 se describe el ministerio del integrante que se desplaza de una ciudad romana a toda una provincia. ¿Qué nos dice este ejemplo del poder de los integrantes? Busque los lugares en un mapa para ver el impacto de este grupo de creyentes.

16. Los integrantes hacen algunas cosas sencillas. ¿Cuáles son algunas acciones de los integrantes según los siguientes versículos?

- Mateo 5:16

- Marcos 5:19

- 1 Corintios 9:22-23

- 1 Tesalonicenses 4:10-12

- 1 Pedro 3:15-16

17. ¿Qué ha aprendido hasta aquí sobre el impacto del ministerio de un integrante?

18. ¿Cuáles son los lugares diarios de su vida: los lugares donde vive, trabaja y se divierte? Dentro de estos lugares hay gente con quien hacer amistad en el nombre de Jesús. Usando la siguiente ilustración, identifique los *diversos círculos* en los que usted es un integrante natural. Ahora, escriba dentro de cada círculo los *nombres de amigos o conocidos* de ese círculo.

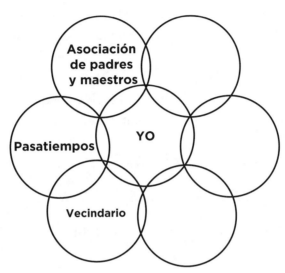

Los integrantes saben que la evangelización es un proceso

La evangelización es un proceso espiritual de ayudar a los no creyentes a responderle al Espíritu Santo con una serie de pequeñas decisiones que los lleva a colocar su fe salvadora en Cristo. La experiencia y las Escrituras demuestran que se necesitan cuatro cosas en este proceso:

- *Relación.* Construimos puentes relacionales de confianza y respeto por la Buena Noticia.
- *Interés.* Los amigos que tienen interés se desplazan de la hostilidad o apatía a la curiosidad acerca de la fe cristiana.
- *Perspicacia.* Estos amigos hacen descubrimientos personales de Dios, Jesús, la Biblia, la fe y así sucesivamente.
- *Convicción.* Estos amigos dan pasos para actuar con fe en sus descubrimientos acerca de Dios, Jesús y el creer.

La Biblia nos da cuadros de gente en estas cuatro etapas.

- En Mateo 12, observamos cómo usó Jesús las ocasiones sociales para *desarrollar relaciones* con personas perdidas.
- Hechos 17 registra las conversaciones de Pablo con una audiencia griega *interesada*.
- En Juan 4, Jesús conversa con una mujer y la lleva a tener una nueva *perspicacia*.
- El oficial etíope de Hechos 8 muestra cómo puede responder una persona a la *convicción*.

19. Repase qué amigos enumeró en la pregunta 18. ¿Dónde colocaría a cada persona en el proceso de evangelización? Escriba sus nombres bajo los títulos apropiados.

EL PROCESO DE LA EVANGELIZACIÓN

Desarrollar una relación	Crear intrerés	Llevar a la perspicacia	Fomentar la convicción

20. Lea los siguientes pasos prácticos para desarrollar relaciones, crear interés, llevar a la perspicacia y fomentar la convicción. Revise los pasos que podría dar con un amigo anotado arriba.

PASOS DE LA EVANGELIZACIÓN RELACIONAL

Desarrollar una relación __ Necesito presentarme a él o ella. __ Puedo orar por mi amigo(a). __ Puedo servirle en una manera práctica. __ Podemos hacer algo juntos socialmente: salir a comer, ir al cine, pasar tiempo en mi casa, asistir a un evento deportivo. __ Otro:	**Crear interés** __ Me puedo identificar a mí mismo como cristiano. __ Puedo pedir orar por él o ella en un momento de crisis o necesidad. __ Puedo preguntar: «¿Dónde te encuentras en tu trayectoria espiritual?». __ Puedo presentarle a mi amigo(a) a otro(a) amigo(a) cristiano(a). __ Puedo compartir una historia de fe (una ilustración personal simple de una respuesta a la oración, una revelación de las Escrituras, etc.). __ Otro:
Llevar a la perspicacia __ Puedo compartir mi historia personal de fe. __ Puedo invitarlo(a) a un grupo de lectura de la Biblia. __ Puedo invitarlo(a) a un concierto navideño. __ Puedo darle un libro significativo relacionado con alguna preocupación o con una pregunta que hayamos discutido. __ Otro:	**Fomentar la convicción** __ Podemos salir a comer o a tomar un café para discutir sus objeciones a la fe. __ Podemos discutir una ilustración del evangelio. __ Podemos asistir juntos a un servicio de adoración. __ Podemos hablar sobre lo que estamos aprendiendo de un libro que estemos leyendo juntos. __ Otro:

Los acompañantes practican el VIM

- *Visión:* Confío en Dios para desarrollar relaciones con tres vecinos de mi cuadra.
- *Intencionalidad:* Voy a _____.
- *Medio:* Voy a invitar a _____.

Los acompañantes actúan

Usted marcó varios pasos a dar en el ejercicio anterior. Ahora, en oración, elija una acción que llevará a cabo. Regístrela en la Hoja de acción del acompañante.

Compartir mi historia

TENEMOS UNA HERRAMIENTA poderosa que emplear como integrantes. La herramienta es nuestra vida transformada en Cristo. Podemos debatir la autoridad de la Biblia o la existencia de Dios, pero una cosa permanece siempre: nuestra historia personal de cómo ha transformado Jesús nuestra vida. Hechos 26 es el «testimonio», o la historia, de Pablo acerca de cómo colocó su fe en el Mesías. Su ejemplo señala tres partes de nuestra historia: la vida antes de Cristo (26:1-11), nuestra decisión de seguir a Cristo (26:12-18) y nuestra vida después de Cristo (26:19-23).

Puede comenzar a escribir su historia dividiendo un pedazo de papel en tres columnas, titulando las columnas: «antes», «mi decisión» y «después». Con puntos breves en viñetas, ponga las características claves de su vida en cada columna. Su historia debe ser corta (de menos de tres minutos de duración), específica y personal.

1. Describa brevemente su vida antes de Cristo.

   - ¿Qué pensaba acerca de Dios? ¿De Jesús?

   - ¿Cuál era mi interés en los temas espirituales?

   - ¿Qué cosas valoraba? ¿Cuáles eran mis prioridades?

   - ¿Cómo describiría mi atracción a la fe: desinteresada, apática, hostil?

   - ¿Cómo era la vida espiritual de mi familia? ¿Cómo influía en mí (ya sea de formas buenas o malas)?

2. Describa brevemente el momento decisivo de confiar en Cristo.

   - ¿Qué influyó en esta decisión?

   - ¿Quiénes (amigos, familia, pastor, etc.) influyeron en esta decisión?

   - ¿Hubo algún momento o acontecimiento específico?

- ¿Qué cambió mi pensamiento/opinión acerca de Jesús, la salvación, la fe, el pecado, etc.?

- ¿Hubo algún pasaje específico de las Escrituras que fortaleció mi decisión?

- ¿Por qué decidí seguir a Jesús en ese momento?

3. Describa brevemente la vida después de un compromiso de seguir a Cristo.

- ¿Cómo cambió mi perspectiva u opinión de Dios y la fe?

- ¿Qué valores comenzaron a cambiar?

- ¿Qué prioridades se vieron afectadas con el tiempo?

- ¿Observé algún cambio de opinión en cuanto a la Biblia?

- ¿Hubo hábitos pecaminosos y estilos de vida que cambiaron?

- ¿Cómo ha cambiado mi corazón hacia Dios y Jesús?

- ¿Qué metas nuevas tengo en la vida?

- ¿Cómo se ve afectada mi experiencia diaria con esta fe?

Con su hoja de tres columnas llena de comentarios, aísle ahora los mejores puntos y elabore su historia. Entrelace estos puntos en una historia de menos de tres minutos. Su historia no debe usar ese lenguaje tradicional cristiano como «nacido de nuevo», «justicia», «salvo» o «Palabra de Dios». Estas palabras tienen poco significado para los que no están en Cristo.

Si confió en Cristo a una edad temprana, quizás no tenga muchas descripciones significativas de vida «antes de Cristo». Más bien, enfóquese en su vida después de Cristo. La gente quiere saber cómo la fe marca una diferencia *ahora*. Una forma sencilla de comenzar es identificar a las personas y los acontecimientos que han transformado su vida en su trayectoria con Dios.

Practique contar esta historia con sus amigos o familia. Pídale a Dios oportunidades para compartir esta historia con compañeros de trabajo, vecinos y miembros de su familia. Ahora, ore por estas personas por nombre:

- _____
- _____
- _____

Pídale a Dios que le ayude a compartir su historia con tacto, pero con audacia, con una de estas personas.

¿QUÉ HAGO DESPUÉS?

El plan de acción del acompañante

Paso 1: Ore

En oración, elija a dos o tres hombres o mujeres que invitar a un grupo de discipulado de tres o cuatro personas. Repase las herramientas del acompañante al final del capítulo 3 para cómo elegir su grupo.

Paso 2: Invite a un grupo de tres o cuatro

Un grupo de tres o cuatro tiene varios beneficios. Es lo suficientemente pequeño para

- llegar a conocerse,
- coordinar horarios fácilmente,
- fomentar la aplicación (porque las personas no se pueden esconder) y
- tener éxito.

Repase sus diversos círculos de relaciones en su iglesia, lugar de trabajo o vecindario. ¿Quién podría estar interesado en unirse a un trío de discipulado? Reclutar puede ser un proceso doble. Uno, coméntele al amigo: «Estoy iniciando un grupo de discipulado y pensé que podría interesarte. Después te daré algunos de los detalles». Luego, dele seguimiento así: «Estoy iniciando este trío de discipulado. He aquí algunos de los detalles. ¿Te interesaría participar?».

Paso 3: Elija la Palabra

Elija un estudio bíblico que estimule la investigación y el estudio de primera mano de las Escrituras. Dos recursos a considerar son la serie HighQuest (Búsqueda suprema, highquest.info) y la serie Every Man a Warrior (Cada hombre un guerrero, everymanawarrior.com). Un recurso para creyentes más maduros podría ser La Serie 2:7 de Los Navegantes (serie2-7.com).

Paso 4: Determine el tiempo y lugar

Comunique claramente la hora y el lugar de su reunión.

Paso 5: Practique la claridad

Cuando se reúnan por primera vez, cerciórese de que hayan asegurado una hora y un lugar regular. Pídale a cada persona que se comprometa con el Señor a asistir a cada sesión con el material preparado. Recuerde, el crecimiento no ocurrirá sin el descubrimiento y la discusión.

Paso 6: Comience con autenticidad

En su primera reunión, comience pidiéndoles a las personas que compartan su historia de fe. Esto puede requerir varias sesiones para terminarlo.

Paso 7: Pregunte, no diga

Esta no es una sesión de enseñanza, sino una experiencia de aprendizaje. Estimule el descubrimiento, la discusión y la aplicación. Use el IRA para planear las preguntas. Espere la realización de las tareas y aplicaciones.

Paso 8: Practique el juego triple

Al final de cada sesión, pídales a las personas que compartan sus aplicaciones. Aplique los principios de rendición de cuentas y afirmación con este grupo.

Paso 9: Hágalo relacionalmente

Reúnase con cada miembro del grupo individualmente una vez al mes. Esto le permitirá enterarse de algunos de los trasfondos que están ocurriendo fuera de la reunión del trío.

Paso 10: Viva la misión

A medida que los tres o cuatro amigos establecen patrones sanos de crecimiento, comience a orar por las oportunidades de vivir la misión donde ellos viven, trabajan o se divierten. Ayude a cada persona a identificar su red de integrantes (vea la página 113).

MI COMPROMISO DE SER
UN ACOMPAÑANTE

Usted probablemente nunca ha oído de John Baker. Él tenía una pasión especial: coleccionar y catalogar las películas de músicos de jazz. John mismo no era un músico; era abogado. Tampoco tocaba un instrumento ni sabía leer música. Pero John Baker era un *amateur* apasionado.

Esta pasión lo llevó a crear la biblioteca más grande de documentales de interpretación de jazz: producciones de largometrajes o pequeños fragmentos de jazz que se hubieran perdido de no ser por él. Su colección ahora se encuentra en el American Jazz Museum (Museo de la música jazz estadounidense) en la ciudad de Kansas, Missouri.

Al igual que muchos *amateurs*, Baker estaba obsesionado. Se convirtió en un experto acerca de cada uno de los músicos que aparecían en su colección. Antes de que surgiera el Internet, él cuidadosamente localizó película tras película a través de cartas, llamadas telefónicas y visitas personales.

Él no amasó esta colección por dinero, sino por la alegría de la música. En el sótano de una casa urbana ordinaria, organizó meticulosamente una colección de películas que llegaría a ser famosa a nivel mundial. A John Baker le encantaba el jazz. Fue un *amateur* admirable[1].

Dios está en busca de *amateurs* del ministerio: hombres y mujeres con una obsesión admirable por amarlo y servirle en la gran comisión. Los acompañantes hacen discípulos por la pura alegría de conocer a Cristo. Lo hacen por pasión, con excelencia y en el esplendor de lo ordinario.

Nuestra pasión surge de conocer a Cristo. Por él, invertimos nuestra energía en la gran comisión (Colosenses 1:28-29). Ser un *amateur* del ministerio no es una excusa para un esfuerzo negligente e indiferente. Estamos comprometidos con una vida de excelencia «para edificación de la iglesia» (1 Corintios 14:12, RVR60). Los *amateurs* aprovechan toda la preparación que puedan obtener.

Los *amateurs* trabajan en lo que Eugene Peterson llama «el esplendor de lo ordinario». Los acompañantes trabajan en el silencio: en las rutinas diarias, en las conversaciones y en las relaciones de la vida diaria. Este es el lugar donde Dios está obrando. «Vayan y hagan discípulos», dijo Jesús (Mateo 28:19). Los *amateurs* del ministerio se deleitan en el esplendor de lo ordinario.

¿Y usted? ¿Está listo para comprometerse a ser un *amateur* del ministerio, un acompañante con la obsesión admirable de hacer discípulos? A medida que termina este viaje en los caminos del acompañante, considere en oración hacer uno o más de estos compromisos:

Señor, quiero ser un acompañante conocido por mi excelencia.
Haré que mi meta sea recibir más ayuda para ser
el mejor *amateur* del ministerio posible.

Señor, quiero comenzar.
Te pido que proveas una persona a quien pueda discipular este año.

Señor, estoy comprometido con ser intencionado.
Confío en ti para encontrar un grupo de tres o cuatro personas.

Señor, necesito la ayuda de otros para seguir con esta obsesión admirable.
Le pediré a _____
que me ayude a cumplir con mi plan de acción.

HOJA DE ACCIÓN DEL ACOMPAÑANTE

Capítulo	Revelación	Paso a dar
Uno: El camino del *amateur*		
Dos: El camino del amor		
Tres: El camino de la intencionalidad		
Cuatro: El camino de la oración		
Cinco: El camino de las relaciones		
Seis: El camino de la profundidad		
Siete: El camino de la Palabra		
Ocho: El camino del descubrimiento		
Nueve: El camino del juego triple		
Diez: El camino de la misión		

APÉNDICE A

El plan 5x5x5 para leer la Biblia

LAS ESCRITURAS SON uno de los medios decretados por Dios para la transformación espiritual. El apóstol Pablo lo dijo de la mejor manera: «Y ahora los encomiendo a Dios y al mensaje de su gracia, que tiene poder para edificarlos» (Hechos 20:32).

Desafortunadamente, podemos conformarnos con el segundo lugar en nuestra exposición a las Escrituras. Es fácil leer los pensamientos de otra persona en cuanto a la Biblia en el último devocional clásico y perdernos de una experiencia de primera mano con las Escrituras. Es como besar a alguien que usted ama a través de un cristal. Hay una ilusión de intimidad, pero poca experiencia de primera mano.

El plan 5x5x5 es una forma sencilla para experimentar a Dios de primera mano a través de la Biblia.

5 minutos al día	5 días a la semana	5 maneras de abordar las Escrituras
Si no está leyendo la Biblia regularmente, establezca una meta sencilla de leerla cinco minutos al día. Identifique un lugar para empezar a leer. Uno de los Evangelios o un libro como Filipenses es un buen lugar para empezar.	Determine una hora y un lugar para pasar sus cinco minutos al día, cinco días a la semana. Considere poner esta cita con Dios en un calendario semanal, en su teléfono inteligente o en su planificador diario.	Experimentamos a Dios a través de las Escrituras al meditar en, o pensar acerca de, lo que leemos. La meditación nos ayuda a ir debajo de la superficie del texto.

Considere usar los siguientes métodos para meditar en las Escrituras durante sus cinco minutos de lectura. Tenga un bolígrafo y papel a la mano para captar las nuevas revelaciones, los descubrimientos y las aplicaciones que el Espíritu Santo inspire.

1. *Subraye o resalte palabras y frases claves.* Use un bolígrafo o resaltador para marcar los descubrimientos nuevos del texto. Al final de la semana, revise lo que marcó para ver qué le está enseñando Dios.
2. *Escriba su propia traducción.* Escribimos nuestra propia traducción cuando parafraseamos, usando nuestras propias palabras en una oración o un párrafo.

3. *Haga preguntas.* Las preguntas liberan descubrimientos y significados nuevos. Haga preguntas con las palabras *quién, qué, por qué, cuándo, dónde* y *cómo.* ¿Cómo respondería estas preguntas? Anote sus pensamientos.

4. *Capte la idea principal.* Los autores escriben para comunicar ideas claves. Periódicamente, pregunte: «¿Cuál es la idea principal de este versículo o pasaje?».

5. *Personalice el significado.* Cuando Dios nos habla a través de las Escrituras, nosotros tenemos que responder. Un hábito útil es personalizar la Biblia a través de la aplicación. ¿Cómo sería su vida distinta hoy, por ejemplo, si obedeciera lo que está leyendo?

El 5x5x5 es solamente un plan sugerido. No se dedique a un plan, sino a la Persona. Pronto se dará cuenta de que pasa más tiempo en las Escrituras a medida que Dios se reúne con usted a través de su Palabra. Registre su progreso en esta tabla de treinta días.

Puede acceder a la herramienta 5x5x5 con un plan de lectura bíblico incluido en www.elacompanante.com.

30 días para 5x5x5

APÉNDICE B

Diez formas de recargar su cita diaria con Dios

1. *Pruebe una perspectiva distinta.* Es fácil viajar por los mismos caminos desgastados en la Biblia. Leer otra traducción o una paráfrasis le da una perspectiva distinta de las Escrituras.

2. *Ore un salmo.* Los Salmos fueron escritos originalmente como oraciones y canciones. Lea un salmo en voz alta y exprésalo como una oración a Dios. Use algunas preguntas de meditación como estas:

- ¿Qué puedo aprender de la oración con este salmo?
- ¿Qué puedo aprender de Dios con esta oración?
- ¿Qué puedo aprender sobre cómo orar y qué orar con este salmo?

3. *Tome tiempo para cantar.* Lleve consigo un himnario o música de alabanza para cantar. Muchos himnos tradicionales son fuentes excelentes de teología. Pase tiempo orando y reflexionando en las palabras de un himno o coro. Cante con un CD de alabanza.

4. *Cebe la bomba.* Cebar una antigua bomba de agua creaba la succión para sacar agua de un pozo. Podemos cebar la bomba para Dios al pasar cinco minutos leyendo un libro devocional. *En pos de lo supremo* (Oswald Chambers), *La búsqueda de Dios* (A. W. Tozer) o los libros de Max Lucado pueden cebar la bomba de nuestro corazón para buscar a Dios.

5. *Involúcrese.* Una forma de meditación es usar los cinco sentidos en un pasaje histórico del Antiguo Testamento o en los Evangelios. Imagínese parado con Elías o con los discípulos en la última cena. ¿Qué oiría, saborearía, olería, tocaría y vería?

6. *Háganlo juntos.* Pase tiempo con otra persona en una reunión diaria. Oren juntos y luego discutan las Escrituras. La perspicacia de otra persona puede ser una rica fuente de motivación.

7. *Sea un reportero.* Identifique a alguien de su comunidad o grupo pequeño que tenga un caminar vibrante con Dios. Desarrolle de tres a cinco preguntas que podría hacerle a esa persona. Estas preguntas podrían incluir lo siguiente:

- ¿Qué lo motiva a caminar con Dios?
- ¿Qué hace en sus citas diarias para mantener fresco este tiempo?
- ¿Cómo se disciplina para pasar tiempo con Dios a diario?
- ¿Cómo ha transformado Dios su vida a medida que ha pasado tiempo con él?

8. *Aprenda a llevar un diario.* Compre un diario económico, como un cuaderno de notas, y comience a registrar sus pensamientos acerca de Dios, las lecciones aprendidas y las revelaciones de las Escrituras. Yo regularmente anoto las revelaciones de los pasajes que estudio. Esto crea mi comentario personal sobre un libro de la Biblia.

9. *Haga un dibujo.* La Biblia está llena de descripciones gráficas. Ilustre un pasaje con un dibujo. No se preocupe si solo son figuras de palitos; nadie, aparte de usted y el Padre, las verá.

10. *Haga una caminata.* El movimiento corporal puede energizar nuestro corazón para Dios. Camine y ore. Al caminar, agradézcale a Dios por las distintas partes del cuerpo que están en movimiento. Alábelo por cómo se revela en el panorama que lo rodea.

APÉNDICE C

El discipulado como una rueda

LAS RUEDAS SON METÁFORAS ÚTILES para enseñar la verdad. A lo largo de los años, Los Navegantes han usado una rueda simple para ilustrar la vida de un discípulo.

En el centro de la rueda está el eje, Jesucristo. El eje es la fuerza motriz que está detrás del movimiento de la rueda. Este eje es nuestra *devoción a Cristo* (Mateo 22:37). Si Jesús no es el Señor de nuestra vida (Lucas 9:23), permanecemos inmóviles y sin vida. Los radios verticales ilustran nuestra relación con Dios a través de las disciplinas de *la oración* (Filipenses 4:6-7) y *la Palabra* (2 Timoteo 3:16-17).

Otro radio representa nuestra participación con la gente al *tener comunión* con creyentes (Hebreos 10:24-25) y *dar testimonio* a otros (Mateo 4:19). Puedo agregar otros dos radios: nuestro *servicio* a los demás (Hechos 20:35) y la *administración* de nuestro tiempo, tesoros y talentos (Lucas 16:10-12). El borde nos recuerda que el discípulo está en movimiento, *obedeciendo* al Señor (Juan 14:21).

Cuando una rueda gira, no vemos los radios individuales, solo el eje. Es lo mismo en la vida de un discípulo. Nuestra meta es que el Espíritu Santo nos transforme a la semejanza de Cristo, para que él sea preeminente en nuestra vida (Gálatas 2:20). Estas disciplinas son como los radios de una rueda, manteniendo la tensión entre el movimiento y la estructura. Pero se necesita una palabra de advertencia.

Es fácil confundir el medio con el fin. Perfeccionar las disciplinas, mejorar nuestra vida de oración o llegar a ser un testigo más eficaz no es el fin. El fin es conocer a Cristo. Nuestro medio para llegar allí es la práctica de las disciplinas. Nuestra meta no es perfeccionar el medio, sino ¡llegar a conocer al Maestro!

Para agregar más definición a esta rueda, lea el apéndice D.

APÉNDICE D

El blanco del acompañante

¿Cómo divisa a un discípulo entre la multitud? He aquí algunas metas prácticas que desarrollar en la vida del discípulo.

Característica	Demostración
Mateo 22:37 / Filipenses 3:8 Un discípulo ama a Dios con todo su corazón.	Practica una cita diaria con Dios. Habla de su amor por Dios. Ha establecido dos o tres razones motivadoras para caminar con Dios. Acciona dos o tres disciplinas prácticas para fortalecer su caminar con Dios.
Juan 13:34-35 / Hebreos 10:24-25 Un discípulo ama a otros creyentes y contribuye al crecimiento de otros.	Hace que participar en las actividades de comunión con otros creyentes sea una prioridad. Hace buenas acciones para otros creyentes. Está aprendiendo a estar «centrado en los demás» al poner los intereses de otros por encima de los propios en conversaciones o eventos sociales.
Juan 8:31-32 / 2 Timoteo 3:16-17 Un discípulo está comprometido a vivir y amar las Escrituras.	Participa en el estudio y la lectura bíblica regular. Hace una aplicación regular de la Biblia a su vida. Decide resolver los problemas de la vida con la Biblia. Expresa amor por la Biblia.
Lucas 9:23 / Gálatas 2:20 Un discípulo aprende a rendir su vida al señorío de Cristo.	Toma decisiones difíciles para darle a Cristo el primer lugar en cómo usa su tiempo. Está comenzando a preguntarse: *¿Qué querría Jesús que hiciera en esta situación?* Expresa cómo le da prioridad a los intereses de Dios.

Mateo 4:19 / Romanos 1:16 Un discípulo está creciendo en su interés y habilidad de compartir la Buena Noticia de Jesús con los demás.	Se ha identificado con Cristo ante sus demás amigos y familia. Está aprendiendo cómo iniciar conversaciones espirituales. Es capaz de compartir su testimonio personal de manera amigable, relevante y concisa. Sigue cultivando relaciones con amigos no creyentes. Es capaz de compartir el evangelio con una simple ilustración.
Lucas 11:1 / Filipenses 4:6-7 Un discípulo está creciendo en fe conforme ora.	Comparte respuestas a la oración. Practica la adoración, la confesión, el agradecimiento y la súplica (ACAS) de manera regular. Expresa cómo está confiando en Dios a través de la oración.
Juan 14:21 / Lucas 6:46 Un discípulo busca obedecer a Jesús en las rutinas de la vida.	Hace aplicaciones prácticas de las Escrituras. Describe cómo está decidiendo obedecer por encima de sus propios intereses.
Mateo 25:37-40 / Hechos 20:35 Un discípulo busca servir a los demás a través de una administración sabia de su tiempo, talentos y tesoros.	Está empezando a darle a otros de sus propios ingresos. Está intencionadamente disponible para servir a otros. Tiene un entendimiento básico de sus dones espirituales.

APÉNDICE E

La planeación de un currículo de discipulado

¿Cómo puede implementar la senda del discipulado en una iglesia local?

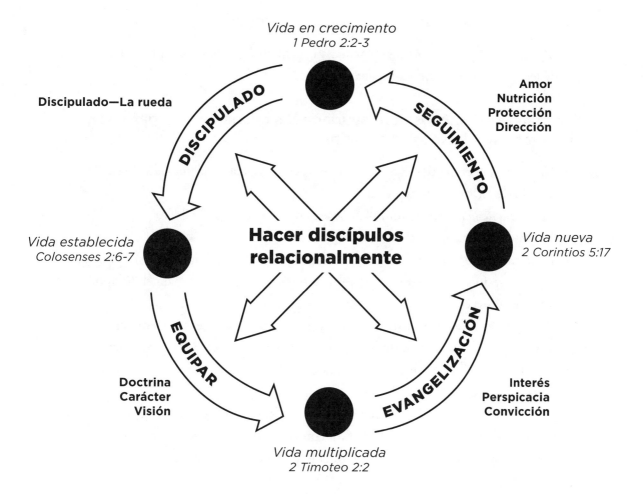

Hay muchos currículos de discipulado ya preparados en el mercado. He aquí dos ejemplos: Every Man a Warrior (Cada hombre un guerrero, www.everymanawarrior.com) y La Serie 2:7 de Los Navegantes (serie2-7.com). La siguiente es una lista de recursos que adaptar a un programa de una iglesia local:

Evangelización—Recursos para mover a la gente del interés a la perspicacia y a la convicción

- *El curso Alpha* es una herramienta popular para familiarizar a la gente con lo básico del cristianismo (www.alpha.org).

Seguimiento—Recursos para ayudar a los cristianos a crecer

- *El plan 5x5x5 para leer la Biblia* ayuda a la gente a desarrollar una práctica regular de leer la Biblia (www.elacompanante.com).

Discipulado—Recursos para ayudar a los cristianos a llegar a ser cristianos establecidos (discípulos)

- *Mi corazón, el hogar de Cristo* es un folleto acerca de cómo entregar la vida al señorío de Cristo (www.ivpress.com).
- *La tiranía de lo urgente* es un folleto acerca de establecer prioridades (www.ivpress.com).
- *The Character of a Follower of Jesus* (El carácter de un seguidor de Jesus) es una guía de cinco sesiones de la serie Design for Discipleship (El diseño para el discipulado, www.navpress.com).
- *How to Have a Quiet Time* (Cómo tener un tiempo a solas) es un recurso práctico sobre cómo profundizar la disciplina del tiempo a solas (www.navpress.com).
- La Serie 2:7 de Los Navegantes es un estudio de tres libros sobre cómo ser un discípulo (serie2-7.com).
- *Thirty Discipleship Exercises* (Treinta ejercicios del discipulado) es un recurso temático de la Asociación de Billy Graham (www.billygrahambookstore.org).
- HighQuest es un programa de discipulado para hombres y mujeres (www.highquest.info).

Equipar—Recursos para ayudar a los cristianos establecidos a llegar a ser cristianos que se multiplican

- *Network* (La red) es la herramienta de la iglesia Willow Creek para identificar los dones espirituales para servir dentro del cuerpo de Cristo (www.zondervan.com).
- El estudio financiero Crown es un estudio intensivo acerca de la perspectiva de Dios acerca de las finanzas en las Escrituras (www.crown.org).

- *Conviértase en un cristiano contagioso* es un DVD, libro y cuaderno de trabajo sobre lo básico de compartir nuestra fe en Cristo (www.zondervan.com).
- Foundations for Faith (Fundamentos de la Fe) es un estudio de cinco sesiones de las doctrinas bíblicas básicas, parte de la serie Design for Discipleship (El diseño del discipulado, www.navpress.com).

APÉNDICE F

El desarrollo de una cultura de hacer discípulos en una iglesia local

LOS CAMINOS DEL ACOMPAÑANTE no se trata de desarrollar un programa; es una forma de vida que está incrustada en una cultura de la iglesia. Cultura se puede definir como un conjunto de creencias, valores y prioridades compartidos. Cuando alguien entre en la vida de una congregación, se dará cuenta de que hacer discípulos es un valor profundamente compartido que se predica desde el púlpito, se modela en grupos pequeños y se transfiere a las relaciones día a día. No es una medida de actividades ni la institución de un programa, sino un esfuerzo a largo plazo de desarrollar una cultura. ¿Cómo se desarrolla semejante entorno? La cultura de hacer discípulos es como una locomotora impulsada por vapor.

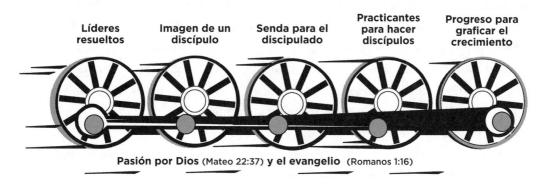

Líderes resueltos   **Imagen de un discípulo**   **Senda para el discipulado**   **Practicantes para hacer discípulos**   **Progreso para graficar el crecimiento**

Pasión por Dios (Mateo 22:37) **y el evangelio** (Romanos 1:16)

Los trenes impulsados por vapor se presentan en cualquier película de vaqueros. Inmediatamente los imaginamos rugiendo por una vía, emanando vapor y sonando sus silbatos. El eje de transmisión del tren hace girar las ruedas del tren y lo impulsa poderosamente hacia adelante. El eje de transmisión de la cultura de hacer discípulos de una iglesia es la *pasión* por amar a Dios y compartir el evangelio. Sin este impulso, las ruedas no girarán.

La primera rueda describe el *liderazgo deliberado*. Sin la decisión de los líderes de modelar el hacer discípulos, la cultura permanece intacta. Los líderes resueltos comunican una visión y pasión compartidas por hacer discípulos. ¿Cuál es la visión del liderazgo de su iglesia para hacer discípulos?

La segunda rueda es una *imagen* compartida de un discípulo del Nuevo Testamento.

Esta imagen es el «objetivo» de la iglesia. Cuando una iglesia habla de discipulado, esta imagen llega a la mente. ¿Tiene su congregación o ministerio la imagen de un discípulo del Nuevo Testamento?

Una estrategia para el cambio de cultura requiere más que una imagen; necesita una *senda* para hacer que la visión se haga realidad. He aquí una forma de describir la necesidad de una senda. Cuando alguien atraviesa la puerta de su iglesia y dice: «Quiero crecer como un discípulo. ¿Cómo me puede ayudar su iglesia?», ¿cómo le responderá? Una senda para hacer discípulos es la integración del ministerio de grupos grandes, grupos pequeños y del ministerio relacional. Entreteje el contenido bíblico, las habilidades prácticas y los valores que forman la imagen del discípulo. ¿Cómo respondería la pregunta de cómo puede ayudar la iglesia a alguien a ser un discípulo? ¿Tiene una senda intencionada?

Hasta este punto, su plan puede verse bien en papel. Tenemos la visión del liderazgo, una imagen bíblica de un discípulo y un plan para hacer que la gente avance. Todavía falta algo. Jesús dijo: «La cosecha es grande, pero los obreros son pocos» (Mateo 9:37). Necesitamos *practicantes*, acompañantes que están entrenados para hacer discípulos. ¿Cuál es su plan para cultivar y multiplicar acompañantes?

Finalmente, la quinta rueda representa nuestro *progreso*. El libro de Hechos describe cómo «el número de seguidores de Jesús aumentaba más y más» (Hechos 6:1, PDT). Si una cultura de hacer discípulos está presente, entonces los discípulos se multiplicarán. Cada año, veremos progreso en la cantidad de discípulos. ¿Hay ahora más discípulos en su congregación que hace un año?

Se puede encontrar una sencilla herramienta de evaluación para su grupo pequeño o congregación para desarrollar una cultura de hacer discípulos en los recursos gratuitos de www.elacompanante.com. Navigator Church Ministries (Ministerios de Iglesia de Los Navegantes, www.navigatorchurchministries.org) puede ayudarle a diseñar una estrategia intencionada para hacer discípulos.

APÉNDICE G

Cómo convertir un grupo pequeño en un grupo de discipulado

Paso 1: Vuelva a empezar. Es difícil cambiar la cultura y las tradiciones existentes de un grupo establecido. Si quiere llegar a ser más intencionado en el discipulado en un grupo pequeño, podría ser necesario disolver este grupo y comenzar de nuevo con otro propósito.

Paso 2: Invite a algunas personas nuevas. La forma más fácil de infundir vida y dirección nueva a un grupo es invitar a gente nueva. Considere en oración a quién podría invitar a este grupo.

Paso 3: No le tema a lo pequeño. Su nuevo grupo podría ser de tres o cuatro. (Repase los diez pasos para llegar a ser un acompañante en «¿Qué hago después?» en la página 119).

Paso 4: Establezca el VIM. Describa en la invitación que este es un grupo de discipulado y no un evento social o una discusión de grupo informal. La intencionalidad se expresa con un compromiso de asistir y con la preparación personal. El medio del crecimiento está en la preparación de cada persona, no en un foro que alguien enseña.

Paso 5: Practique lo básico. Un grupo de discipulado se expresa en los elementos básicos de R + 2D + ARA. Somos amigos que tienen una *relación* mutua y se reúnen para *descubrir y discutir,* y se *rinden cuentas* los unos a los otros de las *aplicaciones* personales al buscar *afirmar* el crecimiento mutuo.

Paso 6: Espere la preparación. Elija material que estimulará de primera mano el estudio y la reflexión de la Biblia. Se esperará que la gente asista y que traiga terminadas sus tareas.

Paso 7: Establezca una rutina. Las rutinas desarrollan expectativas. Una rutina sencilla incluye un tiempo para orar por otros, tiempo para discutir descubrimientos y tiempo para repasar las aplicaciones.

Paso 8: El tiempo y la constancia desarrollan atracción y compromiso. Establezcan una hora para reunirse y mantengan esa hora. Espere que la gente asista. A medida que compartan sus vidas, desarrollarán atracción, lo cual estimula el compromiso. La gente asistirá porque aquí es donde están sus amigos.

Paso 9: Permanezca siempre en misión. Evalúe periódicamente cómo aumentar o multiplicar su grupo. La visión es que más grupos de amigos se reúnan para estimular el discipulado.

APÉNDICE H

La senda al cambio

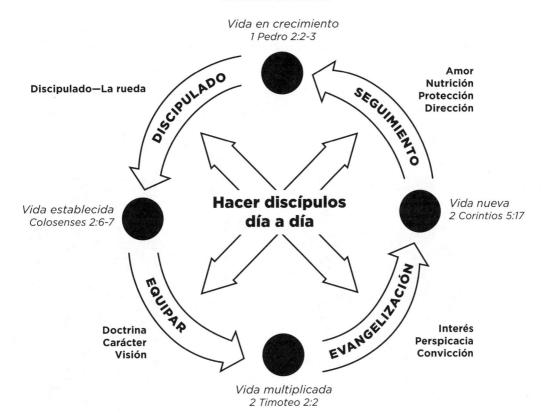

Vida en crecimiento
1 Pedro 2:2-3

Discipulado—La rueda

DISCIPULADO

SEGUIMIENTO

Amor
Nutrición
Protección
Dirección

**Hacer discípulos
día a día**

Vida establecida
Colosenses 2:6-7

Vida nueva
2 Corintios 5:17

EQUIPAR

EVANGELIZACIÓN

Doctrina
Carácter
Visión

Interés
Perspicacia
Convicción

Vida multiplicada
2 Timoteo 2:2

Los ACOMPAÑANTES AYUDAN a la gente en la senda de la evangelización, del seguimiento, del discipulado y del equipamiento (vea el diagrama superior). Esta no es una línea de ensamblaje para producir discípulos, sino una serie de señales que marcan el camino hacia la madurez y el ministerio para Cristo fructíferos.

Cada uno viaja por la senda de la evangelización, trasladándose del interés a la perspicacia y a la convicción. Cuando experimentamos *vida nueva* en Cristo (2 Corintios 5:17), necesitamos los elementos de seguimiento esenciales de amor, nutrición, protección y dirección. El seguimiento, o la pediatría (el cuidado de los recién nacidos) espiritual, nos ayuda a experimentar una *vida en crecimiento* (1 Pedro 2:2-3).

Para facilitar el crecimiento en nuestra vida nueva, el Espíritu Santo usará la rueda del discipulado (página 90) para ayudarnos a vivir *vidas establecidas* en Cristo (Colosenses 2:6-7). El discipulado nunca es un fin en sí; conforme somos equipados en doctrina, carácter y visión, llegamos a ser discípulos maduros, preparados para *multiplicar nuestra vida* al reproducir este proceso de crecimiento en otros (2 Timoteo 2:2).

¿Cuáles son los temas importantes que abarcar en este proceso? El siguiente cuadro ilustra algunos temas sugeridos para los creyentes nuevos, los creyentes en crecimiento y los discípulos establecidos. Recuerde, Dios diseña nuestra experiencia de crecimiento de manera única. No hay ninguna fórmula única ni manual práctico, sino señaladores que marcan el camino. Lea todo el cuadro con su círculo de acompañantes en mente.

Quién	Nuevos creyentes	Creyentes en crecimiento	Discípulos establecidos
Visión	Vida en crecimiento	Vida establecida	Vida multiplicada
	2 Corintios 5:17	Colosenses 2:6-7	2 Timoteo 2:2
Meta	Lograr que empiecen	Lograr que sigan	Que lo transmitan
	Seguimiento inicial de un creyente nuevo	Desarrollar convicción y constancia	Prepararlos para hacer discípulos
Necesidades	Amor, nutrición, protección, dirección	Descubrimiento, desafío, aplicación, rendición de cuentas	Orientación, responsabilidad, apoyo, experiencia
Temas	Leer la Biblia Seguridades básicas La ilustración de la rueda Comunión	Cita diaria con Dios Cultivar una vida de oración Testificar: testimonio personal, amar a los perdidos, iniciar conversaciones de fe, compartir el evangelio Buenas obras Servir	Disciplinas espirituales Doctrinas bíblicas básicas Apologética Hacer discípulos Liderazgo de grupos pequeños Dones espirituales Santidad Fe Integridad Administración Habilidades de estudio de la Biblia Vivir de acuerdo a prioridades
Calendario	De uno a cuatro meses	De seis a doce meses	De uno a dos años

Considere a la gente de su círculo de acompañantes a la luz del cuadro en esta página. En los lugares apropiados del cuadro, escriba sus nombres así como sus necesidades y temas correspondientes.

	¿Cuál es una necesidad de crecimiento pendiente?	Repase los temas enumerados en el cuadro de la página 142. ¿Qué temas podría abarcar con él o ella?
Nuevo creyente		
Creyente en crecimiento		
Discípulo establecido		

GUÍA DEL LÍDER

BIENVENIDO A LA GUÍA DEL LÍDER

Esta guía del líder está diseñada para ayudarlo a guiar exitosamente a un grupo pequeño, clase o persona a través de *Los caminos del acompañante*. La aventura que está comenzando es más que leer un libro, asistir a una clase o perfeccionar algunas habilidades. La aventura del acompañante trata enteramente de un estilo de vida: ayudar a las personas a hacer discípulos que hacen discípulos justo donde viven, trabajan o se divierten.

Seis formas de dirigir un estudio transformador

1. *Repase.* Repase la sección «Cómo aprovechar al máximo este estudio». En su primera sesión, repasen esta sección juntos y discutan los principios y símbolos R + 2D + ARA a lo largo de todo el libro. Estos símbolos ayudan a que los principios sean memorables y dan un marco para la aplicación.

2. *Espere.* Espere que cada miembro complete cada uno de los capítulos, buscando todos los pasajes bíblicos y respondiendo a las preguntas de reflexión antes de asistir a la sesión.

3. *Personalice.* Haga que su grupo sea relacional. Al principio de cada sesión, pregúnteles a las personas si tienen asuntos por los cuales orar. A medida que pasan por *Los caminos del acompañante*, descubrirá el poder de las relaciones y la importancia de compartir su historia de fe. Después del capítulo 4, tómense el tiempo para que las personas compartan su historia de fe.

4. *Discuta.* Cada sesión es una discusión, no una conferencia, sobre lo que la gente ha descubierto al completar el estudio. Usted no es un experto, sino un guía en el proceso de hacer discípulos.

   La guía del líder proporciona preguntas claves que hacer en cada sesión. Están diseñadas para ser abiertas, sin una respuesta única correcta. Practique algunas reglas sencillas para dirigir a un grupo pequeño:

   - Lance y dirija la discusión con las preguntas de la guía del líder.

   - Dé tiempo para oír y permitir que cada miembro responda.

- Deténgase periódicamente y pídales a los miembros que aclaren sus respuestas: «Dime más de lo que acabas de decir».

- Afirme a la gente por su contribución.

5. *Aplique.* El poder de *Los caminos del acompañante* se encuentra en que fomenta el aprendizaje al poner por obra. La aplicación práctica y un corazón sensible al Espíritu Santo realzarán la experiencia de cada persona. Recuérdeles a las personas que esto no es un libro para leer, sino un estilo de vida que desarrollar.

6. *Practique.* Cada capítulo tiene un ejercicio de práctica. La gente aprende al hacer. Como líder, haga que su meta sea que cada ejercicio se logre en cada capítulo. La guía del líder tiene un recordatorio para cada ejercicio práctico. He aquí una idea general de los ejercicios.

Capítulo	Tema	Ejercicio	Ubicación
Uno	El camino del *amateur*	Evaluación del acompañante	Páginas 11–12
Dos	El camino del amor	Cita diaria	Herramientas (página 24), apéndices A y B (páginas 125 y 127)
Tres	El camino de la intencionalidad	Imagen del discipulado	Página 32
Cuatro	El camino de la oración	Macrooraciones	Páginas 43–44
Cinco	El camino de las relaciones	Cronograma de la historia de fe	Páginas 57–58
Seis	El camino de la profundidad	Cinco niveles de comunicación	Páginas 64–67
Siete	El camino de la Palabra	Meditación bíblica AEIOU	Páginas 77–78
Ocho	El camino del descubrimiento	Puente de preguntas	Páginas 87–89
Nuevo	El camino del juego triple	Aplicación, rendición de cuentas, afirmación	Páginas 96–103
Diez	El camino de la misión	Interés, perspicacia, convicción	Página 113
	¿Qué hago después?	Reclute un trío de discipulado	Páginas 119–120

7. *Apliquen.* A lo largo del libro, a la gente se le pide hacer una aplicación personal y anotarla en la Hoja de acción del acompañante. La aplicación, junto con la rendición de cuentas y las afirmaciones, hace que esto sea una experiencia transformadora.

Cómo usar la guía del líder

En esta guía del líder recibirá un plan de lección para cada una de las doce sesiones. Tener doce sesiones permite tanto una consideración más completa del camino de la intencionalidad como una discusión enfocada de los pasos a seguir de cada participante como acompañante. De nuevo, *Los caminos del acompañante* no es tanto un libro que leer, discutir y luego dejar atrás; es una forma de vida que explorar e integrar a nuestra vida diaria. Cada plan de lección incluye lo siguiente:

- *Metas de aprendizaje.* Estas metas identifican lo que es más importante en cada capítulo. Las metas son principalmente para el líder y no tienen que compartirse con el grupo.
- *Repaso.* Cada semana, usted repasará las tareas previas con el grupo para fomentar la aplicación y rendición de cuentas.
- *Discusión.* Se han provisto preguntas importantes para ayudarlo a dirigir la discusión. La mayoría de las preguntas están relacionadas con las preguntas y tareas del libro. *No se sienta obligado a hacer cada pregunta.*
- *Práctica.* En cada sesión, la gente aprenderá con la acción, a través de una tarea práctica.
- *Aplicación.* Se anima a cada persona a hacer una aplicación específica y a anotarla en la Hoja de acción del acompañante.
- *Repaso para el líder.* Se proporcionan consejos útiles para estimular el liderazgo de calidad.
- *Notas del líder.* Se provee espacio para que tome notas para sí mismo.

SESIÓN UNO

El camino del amateur

Metas de aprendizaje

1. Proporcionar una idea general de *Los caminos del acompañante*.
2. Introducir conceptos del acompañante y del ministerio relacional.
3. Evaluar el compromiso y la habilidad de las personas para hacer discípulos.

Repaso

Pregúntele a cada participante:

- ¿Por qué decidiste unirte a este grupo?
- ¿Qué esperas obtener con esta experiencia?

Repasen «Cómo aprovechar al máximo este estudio» (páginas xiii–xiv). Explíquele al grupo la manera en que R + 2D + ARA vincula los capítulos. Anime a las personas a observar los diversos símbolos a lo largo del libro.

Discusión

Elija las preguntas que quiera discutir.

1. ¿Cómo te sientes acerca del concepto de un *amateur* del ministerio?

2. ¿Cómo puede el ser un *amateur* liberarte para discipular a otros?

3. ¿Qué cuadros cuelgan en tu mente en cuanto a hacer discípulos?

4. ¿Cuál es tu respuesta a la idea del «acompañante»?

5. ¿Cómo te sientes de llegar a ser el acompañante de alguien?

6. ¿En qué se diferencian el ministerio relacional y los otros métodos de ministerio?

7. ¿Quién te ha ministrado relacionalmente?

8. ¿Por qué crees que hacer discípulos es tan importante para el crecimiento de la iglesia?

9. ¿Qué imágenes mentales tendrás que retirar para ser un acompañante?

10. Considera la descripción del acompañante en la página 6. ¿Te visualizas a ti mismo haciendo discípulos de esta manera?

Práctica

Discuta la evaluación de las páginas 11–12.

- ¿Qué fortalezas descubriste?
- ¿Cuáles son algunas áreas de crecimiento para ti?

Aplicación

- ¿Cuál sería una lección o un principio sobresaliente de este estudio?
- ¿Cómo podrías imaginarte aplicando este principio durante la próxima semana?
- Anota el principio y la aplicación en la Hoja de acción del acompañante.

Repaso para el líder

- Si se reúnen como grupo, asegúrese de que todos sepan el nombre de cada persona.
- Afirme la contribución de cada persona.
- Tome tiempo para hacer preguntas aclaratorias durante la discusión. «¿Qué quisiste decir con _____?» o «Dame un ejemplo de _____» pueden enriquecer la conversación.
- ¿Identificó claramente cada persona una meta del proceso de evaluación?

Notas del líder

SESIÓN DOS

El camino del amor

Metas de aprendizaje

1. Aclarar el gran mandamiento de amar a Dios.
2. Establecer la relación entre el caminar de cerca con Dios y el ser fructífero en el ministerio.
3. Practicar una herramienta al tener una cita con Dios.

Repaso

Explíquele al grupo que esto representa la *R* o la relación que un acompañante desarrolla con Dios.

Discusión

Elija las preguntas que quiera discutir.

1. ¿Qué sustenta tu interés y hambre de amar a Dios?

2. ¿Qué descubriste de lo que significa buscar a Dios?

3. El autor describe la diferencia entre que Dios sea un «invitado» o un «residente» en nuestra vida. ¿Cómo sabríamos si Dios fuera simplemente un invitado en nuestra vida?

4. ¿Cuál fue un descubrimiento importante acerca del amor de Dios por ti (pregunta 3)?

5. ¿Cómo respondiste a la pregunta 5?

6. ¿Qué descubriste en la pregunta 6 acerca de poner por obra el amor de Dios?

7. ¿Qué respuestas adicionales anotaste en la pregunta 8?

8. ¿Por qué pasar tiempo con Dios es tan crucial para que nuestro amor por él crezca?

9. ¿Cómo respondiste a la pregunta 10?

10. ¿Cuál fue tu paso a dar como acompañante?

Práctica

Repasen juntos los recursos de los apéndices A y B, así como las Herramientas del acompañante del capítulo 2: «Primero lo primero». Tengan un tiempo con Dios juntos, usando este material como guía. Pueden descargar una copia gratuita de «Primero lo primero» en www.elacompanante.com.

Aplicación

Repasen la tarea de la Hoja de acción del acompañante en la página 123. Discutan las aplicaciones.

Repaso para el líder

- Para algunos, las prácticas que se encuentran en los apéndices A y B podrían ser elementales. Anime a la gente diciéndole que su familiaridad con estos métodos ayudará a alguien más a comenzar.
- Evalúe su liderazgo del grupo.
    - ¿Me enfoqué en lo que es importante?
    - ¿Fomenté la participación?
    - ¿Afirmé a la gente?
    - ¿Hice que la Biblia fuera central en nuestra discusión?
    - ¿Practicamos el aprendizaje a través de la acción?
    - ¿Animé a todos a hacer una aplicación?

Notas del líder

SESIÓN TRES, PRIMERA PARTE

El camino de la intencionalidad

Metas de aprendizaje

1. Crecer en el entendimiento de la gran comisión.
2. Introducir el concepto de las generaciones.
3. Describir a un discípulo.

Repaso

- Repasen la acción de cada persona en la página 35.
- ¿Cómo enriqueció su tiempo con Dios esta disciplina?
- Repasen los apéndices A y B y elijan un método práctico que probar esta próxima semana.
- Explíquele al grupo que este capítulo representa el «blanco» o la imagen de un discípulo que buscamos cuando vamos a hacer discípulos.

Discusión

Elija las preguntas que quiera discutir.

1. ¿Cuál es tu reacción a la idea: «los acompañantes piensan en grande, pero tienen pequeños comienzos»?

2. ¿Crees que tu iglesia tiene esta visión?

3. ¿Qué aprendiste de la intencionalidad de Jesús al hacer discípulos (preguntas 1–4)?

4. Lee Mateo 28:16-20. Según este estudio, ¿qué descubrimientos hiciste acerca de lo que llamamos la gran comisión?

5. Si cambiáramos el «vayan» de Mateo 28:18 a «mientras van», ¿cómo cambiaría eso lo que pensamos acerca de llevar a cabo la gran comisión?

6. Discutan las respuestas a las preguntas 9–10.

7. ¿Qué temores o preocupaciones tienes en cuanto a hacer discípulos?

8. ¿Qué piensas de la idea de las generaciones (páginas 34–35)? ¿Es esto un concepto viejo o nuevo para ti?

9. ¿Quiénes fueron las generaciones que invirtieron en tu vida?

10. ¿Crees que todo creyente es automáticamente un discípulo? ¿Por qué sí o por qué no?

Práctica

La práctica de «El camino de la intencionalidad» se proporciona en la segunda parte.

Aplicación

Discutan juntos lo siguiente:

- ¿Cuál es una verdad que sobresalió para ti en esta discusión?
- ¿Cómo podrías aplicar esta verdad durante las próximas veinticuatro horas?
- Anota la verdad o el principio y tu paso a dar en la Hoja de acción del acompañante.

Repaso para el líder

- ¿Cómo describiría la comprensión del grupo de hacer discípulos?
- ¿Necesita aclarar o explorar algo en la segunda parte de la sesión tres para aumentar su comprensión?

Notas del líder

SESIÓN TRES, SEGUNDA PARTE

El camino de la intencionalidad

Metas de aprendizaje

1. Describir a un discípulo.
2. Describir el compromiso personal de hacer discípulos.
3. Comenzar a orar por y reclutar a un trío de discipulado.

Repaso

- ¿Cómo enriqueció tu caminar con Dios la aplicación de los apéndices A o B?
- ¿Qué hizo Dios cuando completaste tu paso a dar?
- Explíquele al grupo que este capítulo creará el blanco o la imagen de un discípulo.

Discusión/Práctica

La tarea de su grupo es tomar sus hallazgos de la pregunta 16 (versículos sobre un discípulo) y crear una imagen de un discípulo en un papel grande. Empiecen por discutir las cualidades esenciales de un discípulo según las Escrituras. Identifiquen juntos estas cualidades claves. Después, tengan una lluvia de ideas sobre cómo mejor ilustrar estas cualidades.

- ¿Cómo puede ayudarnos esta imagen a ser intencionados en discipular a otros?
- ¿Cómo ayudaríamos a nuestra iglesia si compartiéramos una imagen común de un discípulo?
- ¿Cambió tu imagen original de un discípulo por tu respuesta a la pregunta 15? ¿Cómo cambió?

Aplicación

- Permita que cada persona comparta el párrafo que describe su compromiso con la gran comisión (paso a dar, página 35).

- Pregunte: «¿Qué preocupaciones tienen en cuanto a reclutar a un círculo de acompañantes?».
- Elegir a la persona apropiada en quien invertir es una decisión importante. Anime al grupo a que esté alerta a la gente con hambre de Dios. La lista en las páginas 36–37 esboza las características de alguien que quiere crecer. Repase la lista con el grupo.

Repaso para el líder

Durante las próximas semanas, ore con su grupo de tres (o cuatro) por dos personas a las que puedan acompañar e invitar a un trío de discipulado. La última sesión será una discusión del plan de acción en las páginas 119–120.

Notas del líder

SESIÓN CUATRO

El camino de la oración

Metas de aprendizaje

1. Realzar su motivación para orar.
2. Descubrir las imágenes de «macrooración» en los ejemplos de Jesús y Pablo. Las macrooraciones tratan los temas grandes de conocer a Dios y del crecimiento del carácter.
3. Aplicar de manera práctica los principios de la oración al ministerio del acompañante.

Repaso

- Discuta el progreso de cada persona en la aplicación según su Hoja de acción del acompañante.
- Haga la observación al grupo de que este capítulo representa otra *R* en cuanto a su relación con Dios.

Discusión

Elija las preguntas que quiera discutir.

1. ¿Qué aprendiste de los ejemplos en la vida de oración de Jesús (preguntas 1–3)?

2. Jesús oró tanto de manera ofensiva (el éxito de Pedro) como defensiva (su protección) en Lucas 22:31-32. ¿Cómo puede el ejemplo de nuestro Señor darle forma a cómo oramos por los demás?

3. Al estudiar los ejemplos de Jesús en oración (Juan 17) y de las oraciones de Pablo (Efesios 1), ¿qué descubriste acerca de qué pedir al discipular a otra persona?

4. ¿Cómo pueden las oraciones de Jesús y Pablo informar y darle forma a tu vida de oración?

5. Jesús y Pablo se enfocaron en el cuadro global de la vida cristiana. ¿Qué puedes descubrir acerca del cuadro global de la oración (macrooración) con sus ejemplos de oración?

6. ¿Cuáles son algunas «microoraciones» típicas de la gente (p. ej., finanzas y salud)?

7. ¿Por qué es tan importante la macrooración en la vida de oración de un acompañante?

8. Discutan juntos cómo podrían convertir las microoraciones en macrooraciones (pregunta 11).

9. Como grupo, discutan qué escribieron las personas en las diversas categorías del cuadro de la pregunta 12.

10. Compartan aplicaciones del paso a dar en la página 45.

Práctica

Aparte tiempo durante la discusión de grupo para hacer algunas de las «macrooraciones» enumeradas en las preguntas 7 y 10, los unos por los otros.

Aplicación

Anime a las personas a anotar sus aplicaciones en la Hoja de acción del acompañante.

Repaso para el líder

¿Cómo puede estimular un espíritu de oración en este grupo?

Notas del líder

SESIÓN CINCO

El camino de las relaciones

Metas de aprendizaje

1. Establecer la importancia bíblica de las relaciones.
2. Distinguir entre la vulnerabilidad y la transparencia.
3. Animar a una aplicación práctica de autenticidad.

Repaso

- Discuta la aplicación reciente de oración en la Hoja de acción del acompañante.
- Observe que este capítulo continúa con el énfasis de la *R* para desarrollar relaciones.

Discusión

Elija las preguntas que quiera discutir:

1. A menudo, imaginamos el hacer discípulos en un salón de clases. ¿Por qué crees que Jesús eligió «lugares comunes» para discipular a la gente?

2. ¿Cómo estableció Jesús relaciones en los lugares comunes (discutan las preguntas 1–2)?

3. ¿Por qué son tan importantes las relaciones, desarrolladas en los lugares comunes, para el acompañante (pregunta 3)?

4. En la vida ajetreada de hoy en día, ¿cómo puedes acompañar a la gente para desarrollar amistades (pregunta 4)?

5. ¿Qué descubriste del principio «con él»?

6. ¿Cómo sería el hacer discípulos al aplicar el principio «con él»?

7. El amor es una marca de autenticidad. Discutan sus hallazgos de la pregunta 11.

8. ¿Qué descubriste acerca de la transparencia en la pregunta 12?

9. ¿Qué descubriste acerca de la vulnerabilidad en la pregunta 15?

10. ¿Qué descubriste acerca de la diferencia entre transparencia y vulnerabilidad?

11. ¿Crees que haya límites en la transparencia y la vulnerabilidad? ¿Cuáles serían algunos?

12. Si no estás practicando la autenticidad con la gente, ¿cómo se verá afectado tu ministerio como acompañante?

Práctica

Fomente la autenticidad pidiéndoles a todos que lleguen a la próxima reunión preparados para compartir su cronograma de la página 58.

Aplicación

Anime a la gente a anotar su aplicación en la Hoja de acción del acompañante.

Repaso para el líder

La autenticidad comienza con el líder. ¿Cuál sería una forma en la que puede modelar la vulnerabilidad y la transparencia?

Notas del líder

SESIÓN SEIS

El camino de la profundidad

Metas de aprendizaje

1. Identificar las fortalezas y las debilidades al escuchar.
2. Descubrir los cinco niveles de comunicación.

Repaso

Permita que una o dos personas compartan su cronograma con el grupo. Hágale saber al grupo que cada participante tendrá la oportunidad de compartir su cronograma en una sesión futura.

Discusión

Elija las preguntas que quiera discutir.

1. ¿Cómo describirías tu habilidad de profundizar con la gente?

2. ¿Cómo sabes cuándo se ha dado la profundidad en una relación?

3. ¿Por qué crees que a algunos les puede parecer aterrador profundizar en las relaciones?

4. ¿Qué descubriste acerca de tus buenos o malos hábitos de escuchar (pregunta 2)?

5. ¿Por qué es tan importante el escuchar para profundizar con la gente?

6. ¿Qué buscas escuchar al discipular a otra persona? Discutan la lista en las páginas 62–63.

7. Entender los cinco niveles de comunicación nos ayuda a profundizar con la gente. ¿Cuál fue una nueva o sorprendente revelación para ti de la discusión sobre los cinco niveles de comunicación?

8. Discutan cada uno de los niveles de comunicación usando las preguntas de discusión del libro. Por ejemplo, en el nivel 1, ¿qué frases trilladas oímos a la gente usar (pregunta 6)?

Práctica

- Dependiendo del tamaño del grupo, divídanse en parejas o tríos para compartir información entre sí (nivel 2). Esto podría incluir compartir acerca de su familia, situación de vida, carrera actual, hogar o estado civil. Si el grupo es pequeño, hagan esta tarea todos juntos. Después de compartir información en grupos de dos o tres, discutan como grupo grande cualquier terreno común que las personas hayan encontrado entre sí.
- Con el mismo compañero de conversación (o grupo), profundicen un poco más. Compartan algunas preocupaciones o temores (niveles 3 y 4) acerca de ser un acompañante. Después de su conversación, discutan estas dos preguntas como grupo:
    - ¿Qué experimentaste del poder de escuchar?
    - ¿Qué experimentaste del poder de las buenas preguntas?

Aplicación

Anote una aplicación que haya escrito en la sección de «Los acompañantes actúan». Anime a las personas a escribir su paso a dar en la Hoja de acción del acompañante.

Repaso para el líder

¿Qué nivel de comunicación demuestra predominantemente este grupo? Haga un círculo alrededor de la mejor respuesta:

trillado—información—valores—sentimientos—cima

Notas del líder

SESIÓN SIETE

El camino de la Palabra

Metas de aprendizaje

1. Describir la importancia de las Escrituras en discipular a otra persona.
2. Discutir la ilustración de la mano.
3. Practicar una herramienta sencilla para la meditación.

Repaso

- Discuta el progreso del compromiso que se hizo de profundizar en una relación.
- Llame la atención del grupo al símbolo de la Biblia en el R + 2D + ARA.

Discusión

Elija las preguntas que quiera discutir.

1. ¿Cómo describirías la prioridad de la Palabra de Dios en la vida de Jesús (pregunta 1)?

2. ¿Qué escribiste acerca de la prioridad de la Palabra de Dios en tu vida (vea la pregunta 5)?

3. ¿Qué descubriste acerca del ministerio de la Palabra de Dios en 2 Timoteo 3:16?

4. ¿Qué descubriste acerca de cómo obtener un manejo de la Biblia (pregunta 7)?

5. ¿Cómo evaluarías tus fortalezas y debilidades en saturar tu vida con la Palabra de Dios (pregunta 8)?

6. ¿Qué descubriste acerca del papel de la Biblia en decir la verdad?

7. ¿Qué tan cómodo te sientes hablando la verdad en la vida de otras personas?

8. ¿Cómo describirías la importancia de meditar en la Palabra en tu vida?

9. Repasa el ejercicio de meditación AEIOU. ¿Cómo puede ayudarte este proceso a meditar en la Palabra?

Práctica

Hagan juntos el proceso de meditación. Elijan uno de estos pasajes para meditar en él como grupo: Josué 1:8; Salmo 1:1-3; 119:1-5; Colosenses 3:16-17. Usen el ejercicio AEIOU.

Aplicación

Pregúntele al grupo: «Durante la próxima semana, ¿cuándo podrían usar este proceso de meditación? ¿En cuál pasaje de las Escrituras meditarán?».

Repaso para el líder

Repase el principio VIM de la página 78.
- ¿Tiene la gente la visión de amar las Escrituras?
- ¿Qué tan intencionados son en cuanto a esta visión?
- ¿Qué medios están usando las personas?

Notas del líder

SESIÓN OCHO

El camino del descubrimiento

Metas de aprendizaje

1. Establecer la importancia del descubrimiento personal al discipular a otros.
2. Describir el poder de las buenas preguntas al ser un acompañante.
3. Identificar y practicar la importancia de contar historias.

Repaso

- Permita que cada miembro del grupo describa su progreso en la aplicación pasada de la Hoja de acción del acompañante.
- Haga la observación al grupo de que esto es el *2D* de descubrimiento y discusión.

Discusión

Elija las preguntas que quiera discutir.

1. ¿Qué descubriste acerca del estilo de enseñanza de Jesús?

2. ¿Cómo te sientes en cuanto a la enseñanza como un proceso de descubrimiento y no solo como una conferencia tradicional?

3. ¿Por qué crees que el descubrimiento es importante al discipular a otros?

4. Ya que Jesús era omnisciente, no hacía preguntas para obtener información. ¿Cuál crees que era su propósito al hacer preguntas?

5. ¿Qué descubriste de tus habilidades para hacer preguntas (pregunta 7)?

6. ¿Por qué es importante que un acompañante haga un conjunto de preguntas diversas?

7. Discutan las respuestas del grupo al estudio de caso (pregunta 9).

8. ¿Qué descubriste acerca del poder de una buena historia al discipular a otros?

9. Pídale a cada miembro del grupo que comparta una historia de la pregunta 10.

Práctica

Forme una pareja con otra persona y elija un tema (caminar con Dios, la evangelización, servir a los demás). Que una persona actúe como el acompañante haciendo preguntas; la otra persona responde. Use el puente de preguntas para guiar la discusión.

Aplicación

Pídale a cada persona que anote su aplicación personal en la Hoja de acción del acompañante.

Repaso para el líder

¿Cómo puede usar el puente de preguntas para dirigir la discusión en este grupo?

Notas del líder

SESIÓN NUEVE

El camino del juego triple

Metas de aprendizaje

1. Repasar el poder de una aplicación personal.
2. Discutir formas vigorizantes de fomentar la rendición de cuentas.
3. Identificar la importancia de la afirmación e involucrarse en ella como grupo.

Repaso

- Repase el progreso de la aplicación pasada en la Hoja de acción del acompañante.
- Llame la atención del grupo al *ARA* del R + 2D + ARA.

Discusión

Elija las preguntas que quiera discutir.

1. ¿Por qué crees que es más fácil oír que aplicar?

2. ¿Qué descubriste acerca de la importancia y los beneficios de aplicar la Biblia?

3. Cuando pensamos en la rendición de cuentas, ¿qué puede llegar a la mente de forma natural?

4. ¿Qué imágenes nuevas de rendición de cuentas descubriste en este capítulo?

5. ¿Qué declaraciones agregaste a las que se contemplan en la pregunta 7?

6. Discutan las respuestas de las personas a la pregunta 10.

7. ¿Cómo describe la Biblia el poder de la afirmación?

8. ¿Cuál fue un incidente en el que experimentaste el poder de la afirmación?

9. ¿Cuáles son algunas formas prácticas en las que podemos afirmarnos los unos a los otros en este grupo?

10. ¿Cuál de las cuatro prácticas de afirmación de la página 102 fue particularmente significativa para ti?

Práctica

Como grupo, tomen un minuto y díganse dos o tres declaraciones de afirmación unos a otros.

Aplicación

Dé tiempo para que las personas anoten su aplicación personal en la Hoja de acción del acompañante.

Repaso para el líder

¿Cómo está el clima? Evalúe cómo está aplicando el R + 2D + ARA (vea las páginas 104–105).

Notas del líder

SESIÓN DIEZ

El camino de la misión

Metas de aprendizaje

1. Comprender el concepto bíblico del integrante.
2. Discutir el proceso de la evangelización.
3. Establecer un círculo personal de influencia.

Repaso

Repase el progreso de la Hoja de acción del acompañante.

Discusión

Elija las preguntas que quiera discutir.

1. ¿Por qué crees que la mayor parte del crecimiento eclesiástico llega a través del «desplazamiento» y no de la conversión?

2. ¿Cómo describirías el crecimiento de tu iglesia?

3. Hemos insertado una nueva palabra en nuestra discusión. ¿Qué opinas de la visión de ser un integrante?

4. ¿Qué descubriste acerca del ejemplo de Jesús del ministerio del integrante (preguntas 1–2)?

5. ¿Cómo describirías el interés de Jesús por los perdidos?

6. ¿Cómo demostraron el apóstol Pablo y la iglesia primitiva el poder del ministerio del integrante (preguntas 8–9)?

7. ¿Cuáles son las cualidades distintivas del ministerio del integrante?

8. ¿Cómo es este ministerio similar o distinto a nuestros métodos tradicionales de evangelización?

9. ¿Cuáles son algunos pasos sencillos que podemos dar como integrantes para alcanzar a los que están lejos de Cristo?

10. Discutan sus círculos de influencia en la pregunta 18.

11. ¿Cómo podrías hacer crecer tu círculo de influencia?

12. ¿Es una verdad nueva o familiar para ti pensar en la evangelización como un proceso?

13. ¿Cómo ha demostrado tu experiencia de fe personal la evangelización como un proceso?

14. Discutan sus revelaciones de las preguntas 19–20.

Aplicación

Dé tiempo para que la gente anote su paso a dar en la Hoja de acción del acompañante.

Repaso para el líder

Algunos de los principios de este capítulo pueden ser nuevos para las personas. Dé tiempo para entendimiento y aplicación.

Notas del líder

¿QUÉ HAGO DESPUÉS?

Metas de aprendizaje

1. Captar las lecciones sobresalientes del libro.
2. Hacer un plan de acción personal para invertir en un trío de discipulado.

Repaso/Discusión

Discutan lo siguiente como grupo:

- ¿Cuáles serían una o dos verdades sobresalientes de este estudio que han formado tu vida?
- Si incluyeras estas verdades en un sermón o mensaje, ¿cómo lo titularías?

Práctica

Divídanse en grupos de dos y practiquen cómo invitarían a alguien a su trío de discipulado. En su invitación, describan su visión y algunos de los detalles del grupo.

Aplicación

Repasen juntos «¿Qué hago después?» (páginas 119–120). Discutan juntos las siguientes preguntas:

- ¿Qué piensas de la idea de reclutar un trío?
- ¿Cuáles son las ventajas de este tipo de grupo pequeño?
- ¿A quién podrías invitar a este trío (repasen los pasos 1–4 en las páginas 119–120)?
- Hay una lista de recursos en el Apéndice E, páginas 133–135. ¿Qué recursos ayudarán a la gente a involucrarse de primera mano en la meditación de las Escrituras?

Nuestra reunión final

Como grupo de acompañantes, planeen reunirse en cuatro semanas para celebrar lo que Dios ha hecho y para compartir las lecciones que estén aprendiendo acerca de ser acompañantes.

Nos reuniremos el _____a las _____.

Deténganse y oren juntos por el establecimiento de varios tríos de acompañantes.

Notas del líder

NOTAS

CAPÍTULO 1: EL CAMINO DEL *AMATEUR*

1. William Barclay, *The Acts of the Apostles* [Los Hechos de los apóstoles] (Louisville, KY: Westminster John Knox, 2003).
2. Michael Green, *Evangelism in the Early Church* [La evangelización en la iglesia primitiva] (Grand Rapids, MI: Eerdmans, 1970), 172–173.
3. Warren Wiersbe, *Preaching and Teaching with Imagination* [Predicando y enseñando con imaginación] (Grand Rapids, MI: Baker, 2004), 62.
4. W. E. Vine, *Vine's Expository Dictionary of New Testament Words* (McLean, VA: MacDonald Publishing Company), 400. Publicado en español como *Diccionario expositivo de palabras del Nuevo Testamento*.
5. Eugene Peterson, *Practice Resurrection* [Practique la resurrección] (Grand Rapids, MI: Eerdmans, 2010), 173.
6. Ibid., 175.
7. Dallas Willard, *Renovation of the Heart* (Colorado Springs: NavPress, 2002), 85. Publicado en español como *Renueva tu corazón*.

CAPÍTULO 2: EL CAMINO DEL AMOR

1. Andrew Murray, *The School of Obedience* (Chicago: Revell, 1899), 121. Publicado en español como *Escuela de la obediencia*.
2. John Stott, *Baptism and Fullness* (Downers Grove, IL: InterVarsity Press, 2006), 70. Publicado en español como *El bautismo y la plenitud del Espíritu Santo*.
3. Charles Spurgeon, *The Treasury of David*, ed. David O. Fuller (Grand Rapids, MI: Kregel Academic, 2004), 202. Publicado en español como *El tesoro de David*.
4. David G. Benner, *Sacred Companions: The Gift of Spiritual Friendship and Direction* [Compañeros sagrados: El regalo de la amistad y guía espiritual] (Downers Grove, IL: InterVarsity, 2002), 17.
5. Chuck Swindoll, *So, You Want to Be Like Christ?* [Así que, ¿quiere ser como Cristo?] (Nashville: Thomas Nelson, 2007).

CAPÍTULO 3: EL CAMINO DE LA INTENCIONALIDAD

1. Bruxy Cavey, *The End of Religion* [El fin de la religión] (Colorado Springs: NavPress, 2007), 109.
2. Robert Coleman, *The Master Plan of Evangelism* (Old Tappan, NJ: Tappan, 1971), 108. Publicado en español como *Plan supremo de evangelización*.
3. Bill Hull, *The Disciple-Making Pastor* [El pastor que hace discípulos] (Old Tappan, NJ: Revell, 1988), 51.
4. Colin Brown, ed., *The New International Dictionary of New Testament Theology* [El nuevo diccionario internacional de teología del Nuevo Testamento] (Grand Rapids, MI: Zondervan, 1980), 486–487.
5. Greg Ogden, *Transforming Discipleship* [El discipulado transformador] (Downers Grove, IL: InterVarsity, 2003), 136–137.
6. Coleman, *The Master Plan of Evangelism*, 24. Publicado en español como *Plan supremo de evangelización*.

CAPÍTULO 5: EL CAMINO DE LAS RELACIONES

1. Oswald Chambers, *My Utmost for His Highest* (Grand Rapids, MI: Discovery House, 2012). Publicado en español como *En pos de lo supremo*.
2. Robert Coleman, *The Master Plan of Evangelism* (Old Tappan, NJ: Tappan, 1971), 80. Publicado en español como *Plan supremo de evangelización*.
3. C. S. Lewis, *The Four Loves* (New York: Harvest, 1971), 121. Publicado en español como *Los cuatro amores*.

CAPÍTULO 6: EL CAMINO DE LA PROFUNDIDAD
1. John Powell, *Why Am I Afraid to Tell You Who I Am?* (Niles, IL: Argus Communications, 1969). Este es un tema en todo el libro. Publicado en español como *¿Por qué temo decirte quién soy?*

CAPÍTULO 7: EL CAMINO DE LA PALABRA
1. Ken Gire, *The Reflective Life* [La vida que reflexiona] (Colorado Springs: Chariot/Victor, 1998), 90.
2. Greg Hawkins y Cally Parkinson, *Move* [Muévete] (Grand Rapids, MI: Zondervan, 2011), 18.

CAPÍTULO 8: EL CAMINO DEL DESCUBRIMIENTO
1. Philip Yancey, *Prayer: Does It Make Any Difference?* (Grand Rapids, MI: Zondervan, 2006), 205. Publicado en español como *La oración: ¿Hace alguna diferencia?*
2. Karen Lee-Thorp, *How to Ask Great Questions* [Cómo hacer muy buenas preguntas] (Colorado Springs: NavPress, 1998), 5.

CAPÍTULO 10: EL CAMINO DE LA MISIÓN
1. Un recurso excelente para el ministerio del integrante es *The Insider* [El integrante] de Jim Petersen y Mike Shamy, (Colorado Springs: NavPress, 2003).
2. Petersen y Shamy, *The Insider* [El integrante], 61.
3. Wayne Meeks, *The First Urban Christians* [Los primeros cristianos urbanos] (New Haven, CT: Yale University Press, 2003).
4. Ralph Novak, *Christianity and the Roman Empire: Background Texts* [El cristianismo y el Imperio romano: Textos de trasfondo] (Edinburgh: T & T Clark, 2001).

MI COMPROMISO DE SER UN ACOMPAÑANTE
1. Jim Weiker, *The Columbus Dispatch* [El comunicado de Columbus], 17 de septiembre del 2009.

ACERCA DEL AUTOR

BILL MOWRY es un miembro veterano del personal de Los Navegantes. Ha discipulado a personas de grupos muy diversos como estudiantes universitarios, estudiantes y profesores de posgrado, médicos y dentistas, y personas en el ámbito laboral. Bill tiene una maestría en Educación de Adultos de la Ohio State University y ha escrito ampliamente acerca de la educación, el aprendizaje, el discipulado y el liderazgo. Es un líder popular de seminario y ha llevado el mensaje del acompañante a lugares como Honduras, Bulgaria y Singapur. Bill y su esposa, Peggy, viven en Columbus, Ohio, y trabajan en Navigator Church Ministries. Su pasión es crear culturas de ministerio donde la gente lleve a cabo la gran comisión de manera relacional, con una relación y una conversación a la vez. Bill lo invita a visitar su sitio web (www.elacompanante.com).

CONTINÚE CRECIENDO
como parte de la familia de Dios
con el resto de **LA SERIE 2:7**.

CRECIENDO FIRMES EN LA FAMILIA DE DIOS

El primer libro de LA SERIE 2:7 le ayudará a construir
cimientos sólidos para la vida cristiana. Su vida será
enriquecida por el estudio bíblico, la memorización de
versículos y la interacción grupal. El enfoque bíblico y
práctico de este libro de discipulado producirá cambios
permanentes en su vida y en su caminar con Dios.

ISBN 978-1-63146-722-6

CULTIVANDO RAÍCES EN LA FAMILIA DE DIOS

El segundo libro de LA SERIE 2:7 le enseñará a poner
a Cristo como el Señor de su vida. Usted descubrirá lo
fácil que es alcanzar a otros al repasar la narrativa de
su propia vida espiritual y compartirla con los demás.

ISBN 978-1-63146-723-3

DANDO FRUTO EN LA FAMILIA DE DIOS

El tercer libro de LA SERIE 2:7 le guiará a través de una
simple pero efectiva manera de explicar el evangelio
a otros para ayudarle a ser un miembro útil y fructífero
dentro de la familia de Dios.

ISBN 978-1-63146-724-0

Para obtener más información acerca de **LA SERIE 2:7** y para adquirir
la guía del líder, visite **WWW.SERIE2-7.COM**.

TYNDALE | TYNDALEESPANOL.COM

CP1148